父母话术

与孩子非暴力沟通

侯海博 编著

民主与建设出版社

·北京·

图书在版编目（CIP）数据

父母话术：与孩子非暴力沟通 / 侯海博编著. --
北京：民主与建设出版社，2021.7（2023.6 重印）
ISBN 978-7-5139-3587-6

Ⅰ . ①父… Ⅱ . ①侯… Ⅲ . ①家庭教育－语言艺术
Ⅳ . ① G78

中国版本图书馆 CIP 数据核字 (2021) 第 112739 号

父母话术：与孩子非暴力沟通
FUMU HUASHU YU HAIZI FEIBAOLI GOUTONG

编　　著	侯海博
责任编辑	王　颂
封面设计	冬　凡
出版发行	民主与建设出版社有限责任公司
电　　话	（010）59417747　59419778
社　　址	北京市海淀区西三环中路 10 号望海楼 E 座 7 层
邮　　编	100142
印　　刷	德富泰（唐山）印务有限公司
版　　次	2021 年 7 月第 1 版
印　　次	2023 年 6 月第 4 次印刷
开　　本	880mm×1230mm　1/32
印　　张	7.5
字　　数	149 千字
书　　号	ISBN 978-7-5139-3587-6
定　　价	38.00 元

注：如有印、装质量问题，请与出版社联系。

前言
Preface

　　说话，是最简单最平常的事情，但同时也是最难最考验人情商的事情。在家庭教育中，语言的力量往往比想象的还要强大，会说话的父母，只言片语就可以改变孩子；不会说话的父母，滔滔不绝地带给孩子心理压力。

　　和孩子成为朋友，让孩子和自己主动沟通，是每个父母的期望，这光有爱是不够的，你的态度行为，说话的语气方式都决定着你们的关系和距离。当出现家庭教育问题的时候，许多父母都一味指责孩子的过错，诉说自己的不易，殊不知，这样的沟通方式只会将孩子的心越推越远。只有巧妙、及时地询问，善于倾听孩子的诉说，准确地捕捉孩子的心理才能进行有效沟通。

　　本书设立情景再现、心理分析、话术建议等板块，通过重现家庭教育中的经典案例来展现教育问题，重点分析该问题中父母和孩子的心理特性，阐述教育问题的本质和关键点，再通过不同表达方式的对比，展现非暴力话术的魅力，为父母提供了可行的方法和操作性建议，让父母切实掌握这些技巧，并灵活运用，随时应付各种情况。

本书能帮助苦恼于不会沟通的父母解决燃眉之急，切实帮助父母学会和孩子进行有效沟通，拉近亲子距离，是一本融合爱与说话技巧的智慧良书，是营造温馨的家庭氛围，帮助孩子健康成长的父母必读书。

说话是艺术，更是技术，每个父母都应该学会用语言的魅力，影响和感染孩子。换种方式和你的孩子说话吧，掌握说话的技巧，为孩子化解内心的阴霾，借助语言的力量，为孩子开启人生的大门。

目 录
Contents

1

Part 5 与孩子沟通，要懂点心理学

Part 6 用好身体语言比说好口头语言更重要

Part 7　日常生活、习惯等的话术

Part 8　与学习相关的话术

Part 9　关于人际交往的话术

Part 1
中国式家长的
硬伤，你有吗

1. "我是家长，我说了算"
——命令式沟通

情景再现

阳阳

> "妈妈，我不喜欢钢琴，我能不能不上钢琴课呀？"

阳阳几乎用一种哀求的口气跟妈妈说道。

妈妈

> "不行，我是家长，我说了算。"

妈妈生硬地拒绝了阳阳的哀求。

但是阳阳心里抵触，因此学习的效果并不理想。

妈妈

> "你知道这个钢琴课要花多少钱吗？你知道我们为了你付出了多少吗？"

妈妈对阳阳吼道。

阳阳

> "可是，我一开始就告诉你了，我不喜欢钢琴，是你非要让我去的！"

阳阳不甘示弱地回应了妈妈。

心理解析

这时候，阳阳的妈妈突然意识到，自己的那句"我是家长，我说了算"可能说错了。

阳阳妈妈的这句话，到底有没有错，值得很多家长反思，因为，不少家长在教育孩子时，都会不自觉地用这句话去压制孩子的想法或者意见。但当父母说出这句话的时候，无形中就将自己摆在了一个高高在上的位置，增加了与孩子的距离感。

父母说出这句话，是出于维护家长权威或者觉得孩子的想法不可取时脱口而出的。很可能武断地否定了孩子的想法，从而打击了孩子的自信心。

作为父母，如果武断地否定孩子的想法，会让孩子怀疑自己的想法是不是太幼稚，从而让孩子的自信心受到极大挫败，阻碍孩子养成独立思考的习惯。

话术建议

> "让你学钢琴你就得学，我是家长我说了算！"（×）

> **这样说更好**：
>
> "你可以好好想想你喜欢做什么，然后我们商量一下再决定好不好？"（√）（协商不是威胁）

> "你知道这个钢琴课要花多少钱吗？你知道我们为了你付出了多少吗？"（×）

这样说更好：

"你是对钢琴课不感兴趣吗？那你对什么感兴趣呢？可以跟妈妈聊一聊呀。"（√）（以柔克刚，避免压服）

"你的翅膀硬了，居然和父母顶嘴了，到底谁是老子？"（×）
"你还顶嘴？我是家长，我说什么就是什么！"（×）

这样说更好：

"我们来玩个游戏吧，首先我们要制定一个规则，由我们俩共同来执行，如果谁违背了其中的一条就扣1分，扣满3分就答应对方一个愿望，怎么样？"（√）（平等对待）

聪明的父母是不会选择以权力去压制孩子的方式的，相反，他们会听取孩子的建议，鼓励孩子提出自己的建议，如果孩子的建议是合理的，他们会欣然接受。

2. "我都是为了你好"
——非爱式沟通

情景再现

妈妈
> "再吃一点儿吧，为了你的营养，为了你的身体好！"

孩子不想吃饭，妈妈端着碗在身后追着喂。

妈妈
> "为了你的将来着想，为了你的前途好！"

妈妈给孩子报了各种补习班。

但每次当孩子提出不需要妈妈做这些的时候，妈妈总会内心极度委屈并暴跳如雷。

妈妈
> "怎么了，我关心你不对吗？我这不是为了你好吗？"

妈妈
> "听我的，这都是为了你好！"

妈妈总是用非爱行为干涉孩子的想法。

非爱行为：是指打着"爱"的旗号，却对最亲近的人进行非爱式的掠夺。

心理解析

无论孩子做什么，妈妈都会参与其中，干涉孩子的想法："听我的，这都是为了你好！"

但是"都是为了你好"的隐含意思是，"我为你好才这么要求你，所以你无论喜不喜欢，都必须照办"。实际上这里面存在着一个假设，就是出发点好结果就一定好，但是这个假设是不成立的。另外还包含了一个前提：孩子自己不知道什么对自己好，所以一切都要听妈妈的。对于很小的孩子，这一点或许是事实，但是对于比较大的孩子来说，相信是没人会认同的。

"我都是为了孩子好"表面看起来很有道理，实际上却非常荒谬。在这个旗号下，妈妈不仅参与孩子所有的行为，强迫孩子接受妈妈的选择。妈妈们自欺欺人的通病就是，她们为孩子做的一切，无论如何满足了她们自己，却说成是为了孩子。

"我都是为了你好！"凡是这样说话的妈妈，内心都有一种自以为是的态度，她把自己当成孩子生活的总指挥，是居高临下的"救世主"。妈妈扮演的是"债权人"和"施予者"角色，扮演这种角色的目的是要保持对孩子的控制。于是，妈妈就这样轻而易举地实施了对孩子的精神控制。

在这句话的威胁中成长的孩子往往既不会表达愤怒，也不怎么会表达爱。他经常压抑自己的愤怒和感情，习惯于以别人的标准要求自己，而且不敢和妈妈做直接的交流，因为交流之前他的脑海中就已经浮现出了妈妈大怒的样子。

话术建议

> "为了你的将来着想，为了你的前途好！"（×）

> **这样说更好：**
>
> "你自己选择的人生也许比我设定的要辉煌得多。"（√）（学会放开手）

> "怎么了，我关心你不对吗？我这不是为了你好吗？"（×）

> **这样说更好：**
>
> "我理解你的想法，但是我不太了解你的需求，如果你有什么需要主动告诉妈妈，好吗？妈妈很愿意帮助你。"（√）（耐心解释，不强迫）

常把这句话挂在嘴边的妈妈请好好反思一下，"都是为孩子好"真的是为孩子好吗？你是不是用这句话扼杀了孩子原本存在无限可能的人生？妈妈要时刻提醒自己，不要用爱限定孩子的人生，孩子的生活要孩子自己去创造。哪怕他在生活中走了弯路，撞了满头包，那也是他生活的一部分，这些经历会让孩子的人生更加丰富。

3. "他还是个孩子"
——溺爱式教育

情景再现

郑晖是一个在学校里出了名不守规矩的人:上课就把一只脚放在课桌上,手上玩儿着玩具;体育老师喊立正,他偏要稍息;老师叫蹲下,他偏要站着,最后干脆跑到树荫下去玩儿……

老师为此事请了家长,但郑晖的妈妈却对郑晖的这种行为不以为然。

妈妈

> "我的孩子脾气很硬,不喜欢别人管他,他在家就总把脚放在桌子上,我都习惯了。躺在地上,那是你们惹他不高兴了吧,在家里他就是这样。"

心理解析

溺爱会令孩子的人格受损。在溺爱下长大的孩子,在家中依赖父母,日后在外面宁愿依赖同事、依赖上司,也不愿自己创造,不敢表现自己,害怕独立,又或者他喜欢做一个"小霸王",自私自利,不尊重父母兄弟姐妹,脾气暴躁,性格极端。这些都意味着他的人格还没有趋于成熟和健全。

溺爱只会让孩子养成不好的生活习惯和性格。被溺爱的孩子很难遵守规矩，也不懂得自我约束，在他看来，规矩都是为别人准备的，与自己无关。

溺爱看起来最富有牺牲精神，但其实是世界上最懒惰的爱。实际上，很多妈妈都已经意识到了溺爱的坏处，但是她们还是走上了这条路，这是为什么呢？

其中的心理秘密就是，妈妈把自己想象的童年投射到了自己的孩子身上。她把自己的孩子当作小时候的自己，按照自己曾经幻想的爱来给孩子。妈妈无节制地给予孩子爱，其实是无节制地满足自己的欲望。溺爱表面上看是牺牲自己满足孩子，心理真相却是在宠爱自己的同时牺牲了孩子。

孩子是需要经历挫折才能健康成长的。父母的爱不是越多越好，千万不要让你的爱泛滥成灾，最终将孩子的人生淹没在你的爱中。

话术建议

"你说什么妈妈都答应你。"（×）

这样说更好：

"自己的事情要自己做，你已经是个小大人了，要学会为自己的行为负责。"（√）（学会放开手）

"不能管太严，孩子还小呢。"（×）

"不要教得太急，他长大之后自然会好了。"（×）

这样做更好：

分阶段教育，正确认识每个年龄段的教育重点，培养孩子积极
的性格和正确的习惯。（√）（正视成长，积极引导）

父母们要记住，爱孩子没有错，但是过度的爱，反而可能会害了
孩子。

非暴力沟通话术练习

父母对照着实际情况看一下，自己是否也曾有过这些溺爱行为：

1. 对孩子给予特殊待遇。

2. 对孩子的各种要求无条件满足。

3. 对孩子过分保护。

4. 袒护孩子所犯的错误。

5. 孩子出现意外时大惊小怪。

4. 总认为"听话"才是好孩子

情景剧场

安安从小就是个听话的孩子，父母说什么就是什么。有次期末考试，安安的成绩下滑了。于是，恨铁不成钢的父亲就为儿子报了一个辅导班。可是辅导了半个学期后，安安的成绩还是上不去。

强强

"你爸爸不是给你报了辅导班吗？怎么成绩还下降了呢？你怎么了？"

安安

"我根本就不想去辅导班，可是我爸爸偏要给我报。每天上学就很累了，还要在辅导班上课，每天晚上睡不好不说，还学不进去。"

"在辅导班的时候，我不是趴着睡觉，就是自己玩会儿，反正就是不想学习。这都是被他们给逼的……哎！什么时候才能熬出头啊？"

心理解析

什么样的孩子才是好孩子？相信绝大部分父母会说：听话的孩子

才是好孩子。可以说，在这些父母看来，"听话"成为评判"好孩子"的最高标准。

从现代教育的观念来看，用"听话"来评判孩子的好坏，不仅是一个误区，而且不利于孩子的个性发展和潜能激发。从某种意义上来说，过于"听话"的孩子不一定是好孩子，还有可能成为一个"问题儿童"。

为什么这么说呢？如果父母们稍加留意就能发现，经常受大人夸奖的"听话"孩子，常见的特点有：胆小、怯懦，很少有自己的主见。如果问他有什么想法，就会看父母的脸色。长时间下去，只会受到压抑，从而成为一个"问题儿童"。

表面看上去的"听话"只是不想多交流和一种逆反心理。那么孩子为什么不说出自己的想法呢？原因之一就是父母听不进去。与其听不进去大吵一架，不如以"听话"的形式回避。这种冷战的方式可能造成孩子的逆反心理，从"听话"到"不听话"。

孩子听话的原因有两个方面：一方面，孩子年龄越小，受环境的影响越大，自身经验不足，需要家长的指导才能健康成长。孩子如果"听话"也许能少走弯路，少受伤害。另一方面，孩子不仅仅是一个主动探索的个体，还是一个独特的个体，如果处处听话，自己就没有探索的机会，就失去了经验积累的机会。

话术建议

"你怎么这么不听话呢？"（×）

这样说更好：

"你能有自己的想法妈妈很开心，但是如果你可以参考一下妈妈的意见就更棒了。"（√）（多鼓励，不打击）

"你那么小你知道什么，听大人的话才不吃亏。"（×）

这样说更好：

"我的宝宝长大了，已经开始有自己的想法了。"（√）（温柔引导，给予肯定）

家长真的想让孩子听话的话，就要学习一些如何教育孩子的知识，不仅要懂得孩子的心理成长期，而且要了解孩子的生理成长期，孩子在不同时期的不同心理特征和生理特征等。这样才能了解孩子的内心世界，鼓励孩子说话。

非暴力沟通话术练习

当你的孩子把果汁打翻了，弄脏了地板。你会怎么说？

1. 描述事实，不做评价。

2. 把批评改成建议。

3. 或者……

5. 忽略孩子的
心理健康

情景再现

吴鹏经过多年的寒窗苦读，终于从一所名牌大学毕业。刚出校门的吴鹏意气风发，想要在社会上大展拳脚。幸运的是，没多久他就遇到了一个应聘机会。吴鹏想：我可是名牌大学毕业，而且成绩优异，我一定会被录取的。

经过一个星期的测试，成绩出来了。当吴鹏信心满满地看录取名单时，却发现自己不在里面。一种挫败感油然而生。

事实上，吴鹏早已被这家公司看中，只是计算机出现了一些小故障，致使他没有被列入前十位。当工作人员发现后立即给吴鹏打电话，并补发录取通知单。

可就在这时，一个不幸的消息传来：吴鹏因没有被录取而跳楼自杀了。

心理分析

现实中有些父母尽管生活艰辛，身体病痛，但他们总是竭力在孩子面前掩饰，以为这是爱孩子，却不知是在害孩子。作为家长，当遇到不如意的事情时，应该把实际情况如实地讲给孩子听，让孩子明白生活的艰辛，让孩子直接面对，和家长共同承担起家庭生活的艰辛。

生活中有苦才有乐，家长不要刻意去掩饰生活的另一面，而应让孩子从小学会分担你的痛苦艰辛，理解生活的不易，长大后他才会珍惜眼前的生活，才会以真诚之心关爱别人。唯有直面人生，通过自己最大的努力，才能掌握命运。

无论多大的孩子，都渴望得到理解、尊重和关注，而父母的忽略可能会对孩子产生毁灭性的打击。

父母过于紧张的保护意识，也容易使孩子对生活产生恐惧感，认为外面的世界充满不可抗拒的威胁，形成怯懦的性格。由于缺乏锻炼的机会，很难学会忍受挫折和失败带来的负面情感，会因为一件很小的不如意的事情而心情低落，或者用逃避来面对问题。孩子在成长时期太顺利了未必是好事，不能吃苦、接受磨炼的孩子抗打击能力差，长大后容易丧失斗志。

能否正确认识自己，评估自己的能力，是人心理健康的一项重要指标。父母应帮助孩子形成良好的自我意识，发展他们的自尊心，提高他们的自我意识水平。

话术建议

"你这孩子怎么这么讨厌！"（×）

这样说更好：

"宝贝是最好的，但如果改掉一点小毛病，就会更优秀了。"（√）（巧用夸奖和赞美）

"宝贝，你是怎么想的？"（√）（学会倾听）

"你真烦人！"（×）

"摊上你这个孩子真倒霉！"（×）

这样说更好：

"宝贝虽然有点小调皮，但是妈妈还是最爱你。"（√）（不要忘记表达爱）

　　身体健康和心理健康同样重要。父母们要有正确的意识，尽可能地了解儿童心理特点及心理疾病的知识，对孩子的智力水平有一个全面的分析和了解；根据孩子的性格特点及其优缺点进行不同的培训和教育，让孩子的身心都得到健康成长。

6. "我来我来，你别动！"
——保护式教育

情景再现

孩子要吃水果，刚拿起水果刀削皮，父亲赶紧把刀夺过来。

父亲

> "儿子，你可吓死我了，划到手怎么办？"

孩子要喝水，拿起水杯走向热水瓶，父亲赶紧把水瓶夺过来。

父亲

> "儿子，可不敢碰这些东西，烫着你怎么办，就算不烫着你，杯子摔碎了扎到你怎么办？"

儿子想要玩公园里的运动器械时，父亲的眼神会紧紧跟着孩子，有时还会大喊。

父亲

> "那边危险！不要过去！"

心理解析

父亲对孩子的这种行为，就像是老母鸡保护小鸡一样，始终把他们护在自己的羽翼之下。父亲不舍得让孩子做任何事情，不舍得孩子吃苦受累。虽然他们有着强烈的"望子成龙，望女成凤"之心，但是他们却用错了方法。

在某些地方，父亲对孩子实行了直接、完全的控制，用各种条款来束缚孩子的意志，约束孩子的行为。不仅如此，他们还没完没了地纠正和指责，害怕孩子越出雷池一步。事实上，父亲的过分保护不仅会影响孩子的身心健康，还会造成一些意想不到的后果。

孩子的好奇心在一次次的"不能"中逐渐消失，把伸出的手吓得缩了回去，跨出的脚步吓得退了回来，就连心中想探索世界的思想，也慢慢被限制住了。

随着孩子的年龄增长，他们变得什么也不敢做，什么也不会做。父亲的过分保护让孩子没有自己的意识，没有自己的想法。慢慢地，孩子变得怯懦、自私、唯唯诺诺、自卑。严重的话，还会出现一些心理问题。孩子根本没有办法正确地控制自己的情绪。慢慢地，孩子的智商得不到充分的发展，就连人格也会出现障碍。

话术建议

"你别动，让妈妈来！"（×）

这样做更好：

"你做得很棒，你自己也可以完成得很好，相信自己。"（√）

（多鼓励，多肯定）

"不行！别去！那里危险！"（×）

　　聪明的父母会为孩子创造很多独自实践和体验的机会，会站在孩子的角度上考虑问题。学会放手，会保护，但不会过度，给予他们独立的发展空间。

　　这里再说点题外话，有些家长，连给孩子的苹果都削好、切块，以为爱孩子，方便孩子吃，却不知道这样锻炼不了孩子的牙齿，以致孩子换牙都要去医院拔牙。看到这里的读者，请问你是不是这样的家长，或碰到过这样的家长？

7. "一个向左，一个向右"是教不出好孩子的

情景再现

琳琳的爸爸是一家大型公司的部门经理，妈妈是医院的主任医师，家境富裕，条件优越。

但是，几乎每天，爸爸妈妈都要因为她的教育而发生争执。

晚上 6 点半左右，琳琳吃过晚饭，问爸爸能不能看一会儿电视再写作业。爸爸觉得很正常，同意了。

可琳琳遥控器刚拿到手，电视还没开，妈妈一把就抢了过去。

妈妈
> "还不快写作业，看书！"

爸爸和妈妈对于琳琳的教育始终持不同的观点，时间长了，琳琳常感到无所适从，变得越来越沉默，脸上也很少有笑容，上课时常常注意力不集中，成绩也退到了中后的位置。

有一次，爸爸和妈妈又因为琳琳的教育问题吵了起来，爸爸说了妈妈几句，刚好妈妈手里拿着一个牙签盒，脾气火暴的她一听爸爸说自己不对，手上的牙签盒就朝爸爸砸了过去。牙签撒得到处都是，琳琳着实被妈妈的举动吓了一跳。

从那之后，琳琳越来越沉默，在家的时候半天不说一句话，而且

经常把自己关在房间里。

心理解析

　　琳琳接受父母截然相反的教育方式，最终自己也不知道该听谁的。孩子本身还不具有明确的是非观念，如果父母意见不统一，孩子无所适从，很自然地倾向于保护他的一方，那么持正确观点的一方所做的努力也就无济于事了，还会导致孩子亲一方、疏一方。

　　在家庭里，教育子女是父母的共同责任。但是，在履行责任的过程中，时常会发生种种矛盾，其中最明显、最突出的就是父母教育孩子的口径不统一。孩子有本能的自我保护心理，他会利用父母对自己行为的态度不一这一点，去寻找有利于自己的保护。父母意见不一，就容易强化这种心理，使家庭教育效果大打折扣。

　　父母双方教育出现矛盾的时候，最好"模糊处理"。父母双方应互相妥协，冷静克制自己，避免在孩子面前暴露出教育观点不一致。事后，可以交换对教育孩子的不同想法，采取一定的补救措施，尽量使思想趋于统一。

　　接受父母截然相反的教育方式，最终自己也不知道该听谁的。心里的疑惑总得不到解决，久而久之，心理上便处于一种混乱状态。矛盾的教育会使孩子无所适从，无法形成自己独立的价值体系。

　　父母教育观相悖的话，除了混淆孩子的价值观之外，有时会使孩子产生错觉和偏见。当妈妈的要求比较简单或者语言比较委婉时，他会将之与爸爸较严格的要求和直接的话语作比较，形成妈妈更爱自己一些的成见。他就会倾向于按照妈妈的要求做，同时对爸爸形成抵触心理。孩子和爸爸之间的隔阂加深，既不利于孩子的健康成长，也不利于亲子关系的发展。

话术建议

> "不行，你说得不对，我是妈妈我来决定！"（×）
>
> "什么你来决定，我还是爸爸呢，我觉得这个问题就是不能像你说的那样办。"（×）

> **这样说更好：**
>
> "孩子的事情让他自己做主，我们来听听她什么想法。"（√）
>
> （放弃争吵，引导选择）

> "大人说话小孩别插嘴！"（×）
>
> "你一个小孩你懂什么？"（×）

> **这样说更好：**
>
> "宝贝你觉得爸爸的想法好呢还是妈妈的想法好？你自己来选择。"（√）（尊重孩子想法）

在教育孩子的时候，一定要只有一个指导原则和价值取向。父母之间的教育方针不能经常出现矛盾，比如总是给孩子设定两个截然相反的目标，提出两种完全不同的要求等。

非暴力沟通话术练习

如果不小心在孩子面前对教育问题产生分歧而争吵，怎么做？

1. 首先安抚受惊的孩子。

2. 父母双方最好当着孩子的面和好。

3. 询问孩子对这件事情的看法，由他来选择应该听谁的。

8. 自我"牺牲"换不来孩子的未来

情景再现

我是一位 63 岁的农民，今天我给你们写信，是想说说我的家事。虽说家丑不可外扬，但这些事憋在心里好长时间了，最近总感到心口疼。

我儿子是一名大学生，也是我们家五代人唯一考出的大学生，这是我们老两口的骄傲啊！但因为这个不争气的东西我们也伤透了心。

记得儿子刚考上大学时，我去学校送他。下了火车后，我扛着笨重的行李走在前，儿子跟在后。刚到学校门口，我被大门前一根铁条绊倒了，重重地摔倒在地上，行李扔出了老远，一只鞋也甩掉了。儿子向四周看了看，像怕什么似的拉住我的胳膊猛地用力拽了一下说："干什么啊，丢不丢人！"

尽管我的双腿摔得很疼，但还是得很快爬起来，捡起鞋穿上，继续去背行李。把儿子安顿好后，我忙着又是挂蚊帐，又是买日用品，这一切似乎在儿子眼里都是天经地义的。

第一学期儿子一共来了三次电话，每次都是要钱。我想去砖厂做工，开始人家说我老，不肯收，我几乎给人家跪下了，人家可怜我才让干的。有一段时间老伴的眼睛肿得厉害，疼得一个劲儿流泪，都舍不得花钱买一瓶眼药水啊!

去年冬天,儿子电话打得特别勤,每次都是要钱。我寄了四次有6000多元,我不知道现在上学得这么多钱。后来才听村里去打工的一个小伙子回来说,他见到我儿子了,正谈着恋爱,很潇洒。说真的,我和老伴听了后不知是该气还是该高兴。

然而最可气的是今年过年儿子回来时,那不争气的东西,居然偷改了学校的收费通知,虚报学费。这之前我只是在报上看到过这种事,没想到会发生在我身上。如今好几个月过去了,我一想起这事就心痛,整夜睡不着觉。我不明白,儿子好不容易考上大学,为什么会变成这样,不知他在大学里除了学习文化外,还能否学到要有良心?

心理解析

这是一篇刊登在《新华每日电讯》上面的文章。这对可怜的父母,几乎牺牲了自己的一切去讨好儿子,得到的却是这样的回报。相信看了这篇文章的人都感到痛心疾首,可怜天下父母心,怎么会养出这样一个不孝子!同时,我们也能猜到,这样一个毫无感恩之心、虚荣自私的孩子,是很难有光明的前途的。

但反思一下,不难发现,恰恰是因为父母的完全"牺牲",孩子才养成现今这种虚荣自私的品性,自我"牺牲"不仅换不来孩子辉煌的未来,甚至会造成孩子品性的恶劣和前途的渺茫。

苏联教育家马卡连柯曾说:"一切都让给孩子,为他牺牲一切,甚至牺牲自己的幸福,恰恰是送给儿童的最可怕的礼物。"

为什么说牺牲自我对家庭未必有效?想一想,牺牲自我的妈妈往往把孩子的事情都揽在自己身上,小到系鞋带,大到他交了怎样的朋友、将来读什么大学等,事事都要关心。这样做的结果,往往是孩子不知道妈妈为自己做了多少事情，或者就算是知道了，也觉得理所当然，少了感恩之心。长此以往，孩子不知不觉中学会了自私自利。

话术建议

爱孩子并不意味着"牺牲"自己，给孩子越多爱不代表对他越好，为了孩子健康成长，为了家庭幸福美满，妈妈要学会适度从家庭，孩子中抽身出来。

对很多妈妈来说，要从家庭抽身回到职业女性的角色稍显困难，但我们可以培养一个自己的爱好，或者养花种草，或者养养宠物等。将自己的精力和情感分散开来，这样我们的内心才能达到平衡的状态。孩子、家庭和自己，每一个都能好好兼顾。

9. 批评不是挖苦
——别拿讽刺来伤害孩子

情景再现

有一个 14 岁的女孩，因为上课的时候总是迟到而被请了家长。女孩的妈妈在老师的办公室，觉得很丢面子，于是随口就对低着头站在一旁、本来已经惭愧不已的女儿丢了一句"胖得跟猪似的，能不迟到吗？"结果，第二节课之后，这个女孩从教室冲出去直接跳楼了，抢救无效死亡。

心理解析

孩子有时出了差错，便遭到父母的指责，甚至讽刺和挖苦。可是，这种讽刺挖苦的教育方式，往往会造成与本来目的相反的效果。

当孩子还没有形成道德观念时，分辨是非的能力还很差，对"对"和"错"的概念还不能区分清楚，也无法理解讽刺的真正含意。所以，当孩子听到讽刺、挖苦的话时，并不能清楚自己做的事错在哪里。久而久之，孩子就无法形成正确的是非观，甚至会将错的当作对的。

随着年龄增长，孩子认识事物的范围逐渐扩大，对事物的理解逐步深刻，逐渐能从家人的神态、语气中察觉出某些话是在讽刺、讥笑自己。这就会令孩子反感、不满，产生反抗情绪，自尊心严重受损甚至完全泯灭，甚至会因此而酿成无法挽回的悲剧。

如果家长总是讽刺挖苦孩子，那么孩子会觉得被当头打了一棒，失去信心，放弃努力，因为就连和自己最亲密的人都对他没有信心，自己上进的表现父母也不屑一顾。此外，孩子还会觉得父母不讲理、虚伪、不公平，因为他明白，如果他对父母也用这种嘲讽的口气，一定会遭到父母变本加厉的责骂。再有，这种讽刺挖苦的话还会让孩子学到不良的沟通方式，即用同样讽刺的话代替原本正常的交流，这必然不利于孩子的人际交往。

孩子的自尊心既强大又脆弱，他们最看重的就是别人对自己的尊重，尤其渴望得到父母的尊重。批评孩子不等于挖苦孩子。所以，无论孩子犯了多么可笑的错误，妈妈都一定不要用讽刺挖苦的话来伤害孩子，而是应当就事论事，引导孩子主动去思考、去反省，这样才能使批评更有效，令教育达到预期的效果。

话术建议

"你是猪吗？脑子进水了？"（×）

这样说更好：

"你看，是不是这样做会更好？"（√）（正确示范，积极引导）

"你可真厉害，这种错误都能犯！"（×）

这样说更好：

"宝宝你这么做是不对的，妈妈相信你，你一定能改掉这个毛病！"（√）（给予鼓励）

Part 2

什么是有助于孩子
成长的语言

1. 孩子的性格
能够被周围大人的语言左右

情景再现

韩勇是一个上课时喜欢和人闲聊的学生，好几次被老师训斥。

但不可思议的是，他不仅很受女生欢迎，而且每次的成绩都名列前茅。甚至在之后的升学考试中他也如愿地考入了理想的学校。

小米

> "为什么你明明没怎么学习，成绩还那么好？"

韩勇

> "因为妈妈总是告诉我，'你是个能干的孩子，你能做到。'所以，我自己也认为'我脑子好，学习好。'"

他的潜意识里，"我能行"的想法一直影响着他。他的努力或许别人没有看到，但学习过程中却充满了自信。

心理解析

为人父母者，常常会在不知不觉中传递着你对孩子矛盾的价值观。这往往会形成恶性循环，因为你在孩子身上很快就会发现自己的影子，然而很多时候孩子又会因此而受到责备。有些父母往往有时以"只许州官放火，不许百姓点灯"的"州官"身份向孩子提出一些"以其昏昏，使人昭昭"的严正要求，或者是与其自身言行完全相悖的要求。

孩子很小时，孩子的任何行为父母总是给予关注、鼓励甚至是无条件地接受。因此刚学会说话的孩子都很温柔。但是，随着孩子年龄的增长，父母的这种天性好像也逐渐丧失了，他们开始较多地指责和批评孩子，有时态度和语气也很恶劣。

在孩子难过或遇到挫折的时候，你温柔体贴的一句话就可以鼓励他，让他重新打起精神。

在日常生活中无意识下说出的话蕴含着无穷的"力量"，同样的情况，不同语气说出的话，给孩子的印象大不相同。孩提时期，身边大人说出的话里总是会有几句让孩子记忆深刻。尤其是鼓励的话语，无论过多久，孩子都能从中获得勇气。

话术建议

> "你这里怎么又错了？怎么就是记不住呢？"（×）

> **这样说更好：**
> "看，之前练习过的题都做对了，把这次做错的题再写一遍，争取做到完美，好不好？"（√）（温柔协商，不指责）

> "别磨磨唧唧的，快点儿！"（×）

"你为什么总是跟别人打架？"

"就你最淘气，总是给我惹麻烦！"（×）

　　你温柔的表达会给孩子心中留下"积极的想法"，如果孩子心中能够有这种"积极的想法"，就能够改变他对自己的认识，那么他的能力就能得到极大的发挥。只要在平时与孩子的对话中稍加留意，那么就能获得意想不到的效果。

思考

　　你是否也在不经意间对你的孩子消极对待了？

2. 将父母语言的力量
融入育儿文化

情景再现

哈佛心理学家做过这样的实验。

有两组男孩，先让他们一起长跑消耗体能，然后一组接受严厉的批评，另一组得到热烈的称赞。

随后进行的体能检测发现，被批评的那组孩子无精打采，体能处于崩溃状态；而被表扬的那组孩子精力旺盛，体能得到迅速恢复，充满自信。

心理解析

对孩子来说，训斥只会压抑幼小的心灵；只有赏识他们，才能开发出他们的潜能。

妈妈对孩子进行适当的赏识很有必要，赏识的奥秘在于让孩子觉醒，觉得自己与众不同，更容易催生自信的人格。学会赏识自己，这对孩子的心理健康发展十分有利。

父母常常是孩子的偶像，他们的一举一动都会成为孩子模仿的对象。生活中我们常常会发现，父母和孩子在举手投足、一颦一笑之间都有着惊人的相似之处，在言谈举止中也会有或多或少的相似之处。所谓"近朱者赤，近墨者黑"。因此，环境对性格形成的作用是不容忽视的，为人父母者，应努力为孩子营造一个良好的成长环境。

话术建议

"早上不叫就不起！"（×）

这样说更好：

"今天比昨天进步了，早起了十分钟呢，相信你明天会起得更早。"（√）（适当的赏识和鼓励）

"怎么这么挑食，什么都不吃！"（×）

这样说更好：

"虽然不喜欢胡萝卜，但还是吃了一口。"（√）（多鼓励，少抱怨）

"你怎么总是这么不小心？总是闯祸！"

这样说更好：

"没事吧？你没受伤吧？"（√）（表达关心，接受失败）

妈妈在教育孩子时多给孩子一些适当的赏识，这对孩子的心理发展十分有利。让孩子知道妈妈对他的关注和认可，既能快速抚平孩子身体上的创伤，也能促使孩子的心理朝良好健康的方向发展。

3. 让孩子理解你，
而不是服从你

情景再现

《新文化报》的记者曾在一个地区的三所省重点中学发了 280 份问卷调查，结果令人震动：

问题 1：你的袜子谁来洗？

95% 妈妈或其他长辈洗；5% 自己洗。

问题 2：你认为妈妈辛苦吗？

22% 一般；59% 很辛苦；19% 不辛苦。

问题 3：你常与妈妈沟通吗？

22% 经常；26% 偶尔；52% 几乎从不。

问题 4：你给妈妈做过饭吗？

20.5% 没有；66% 有过一两次；13.5% 经常做。

问题 5：你为妈妈洗过脚吗？

17% 洗过几次；20% 只洗过一次；63% 从来没洗过。

心理解析

让孩子服从你，不如让孩子从内心理解你。当孩子越是了解妈妈付出的辛苦，就越会从心里理解和尊重妈妈，也才能真正心服口服地听从妈妈的劝告。否则，孩子只会觉得自己所得到的一切都是理所应当的。

其实，当妈妈与孩子之间是地位平等、相互尊重、相互理解的时候，孩子往往能更好地感受到妈妈对自己的爱及妈妈做出的牺牲；当孩子完全从属于妈妈的时候，他们就会无视别人为自己所做的一切。

话术建议

如果你的孩子也是这样不理解妈妈，那就应该想办法引导孩子认真思考一下。

妈妈每天不仅要做好自己的工作，还要费尽心思照顾全家人的生活。即使面对着工作和家庭的经济压力，也很少跟孩子提起，实在是很不容易。妈妈空闲的时候，也可和孩子讲一讲自己工作上的情况，让孩子对妈妈工作的艰辛心里有数。

要让孩子明确这样一个观念：无论妈妈从事什么样的工作，都是靠自己的双手在劳动，凭自己的本领在吃饭，都值得孩子敬重。

让孩子去理解你、关心你，这样才能更有利于孩子的健康成长，建立良好的亲子沟通。

非暴力沟通话术练习

为了让孩子更理解自己，妈妈可以试试以下这些方法：

1. 教育孩子学会理解他人。

2. 让孩子做一些简单的家务，使其学会珍惜妈妈的劳动。

3. 和孩子建立亲密的沟通，让孩子了解妈妈的烦恼和辛苦。

4. 低声说与大嗓门，
哪个更有效

情景再现

妈妈带着 3 岁的铭铭到邻居家做客。

铭铭刚开始还很安静，但是过了一会儿，就开始在别人家床上蹦蹦跳跳，张牙舞爪。看到这种情况，铭铭的妈妈没有发怒，而是走到铭铭跟前，用轻得几乎让人听不见的声音在铭铭的耳边说："你觉得不经允许就随便在人家床上乱蹦乱跳，是一件好事吗？"

妈妈的声音十分轻柔，脸上挂着和蔼的微笑，但铭铭却像听到了严厉的批评一样，马上停止了乱蹦。

心理解析

在家庭教育中，降低声调、压低声音的讲话方式有很多好处。

首先，从物理学的意义上来讲，一方用低声讲话，对方就必须集中精力才能听清。在这种情况下，即使他并没打算认真听这些话，但是由于条件反射的听觉动作，还是会不自觉地捕捉你谈话的内容，并进行理解。

其次，洪亮的声音一般是用来面向公众的，比如用于演讲、舞台剧等；而小声说话则突出强调了这是两个人之间的谈话，不涉及其他人，是针对个人私下里讲的话，所以很容易形成一种促膝长谈的良好气氛。这对于正在挨批评的孩子来说，是一种不会引起紧张感的气氛。

此外，低声讲话给人的感觉是理性的表述，而不是感情的宣泄。低声讲话可以让听话的人感到你是理智的，从而让自己的话更有说服力，同时也促使听话的人保持理智。如果孩子在你的面前大声哭闹，那么你必须首先保证自己的情绪不被孩子的情绪感染，然后才能理智、冷静地分析孩子哭闹的原因，进而把孩子从波动的情绪中引导到理智的状态中来。

用不同于平日说话的低声跟孩子交谈，其实也是在暗示孩子：现在爸爸妈妈的态度是异乎寻常的郑重，你一定要认真听才可以。

话术建议

"别在公共场所跑来跑去了，你要我说多少次？"（×）

这样说更好：

"你在公共场所跑来跑去会摔倒的，再这样我会很生气。"（√）
（讲出自己愤怒的感受）

"我说了那么多遍让你过来吃饭没听见是吧？你聋了吗？"（×）

这样说更好：

"到了该吃饭的时间就要吃饭，妈妈担心你饿肚子。"（√）（低声教育，压制情绪）

> "作业没写完，谁让你看电视的？不使劲揍你一顿是不是不长记性！"

这样说更好：

> "亲爱的，在开电视前想一想：作业写完了吗？"妈妈在便签上写道。（√）（用便签代替语言）

低声说话可以使双方都处于冷静自制的状态中，可以为进一步说服孩子创造条件。相反，面红耳赤、声嘶力竭地数落孩子只会适得其反。

5. 唠叨不会起正面的作用

情景再现

小博从小身体就很弱，所以妈妈总是非常担心他的健康。每天早晨一起床，妈妈就开始了唠唠叨叨：

妈妈
> "小博，多吃点儿饭，这样身体才能好！"
> "小博，今天天气冷，多穿点儿衣服别感冒了！"
> "小博，外面刮风了，别忘了戴上帽子！"
> "小博……"

终于有一天，小博生气地对妈妈说：

小博
> "天天就是这些话，烦不烦啊！"

说完背起书包夺门而出。

心理解析

当父母批评孩子的时候，应该记住：孩子犯了一次错，只能批评一次。如果需要再次批评的时候，要注意换个角度，用不同的话语去提醒孩子，这样才不会让孩子觉得因为同样的错误被父母"穷追不舍"，也不会因此对父母的说教感到厌烦。如果对于一个错误，父母一次、两次、三次，甚至四次五次地做出同样的批评，就会使孩子原本感到有些内疚不安的心情转变为不耐烦，最后发展到反感至极，甚至出现"我偏要这样做"的逆反心理。实际上父母过多的叮咛，并不能达到预期的效果，反而会因为过于唠叨使孩子感到不耐烦而听不进去，或者听得太多感到麻木。

　　因此，无论是批评还是表扬，甚至平时的教育，父母都应该掌握好度。过度，就会产生逆反心理。所以只有掌握好火候分寸，才能得到理想的教育效果。

话术建议

"宝贝，不要在沙发上跳来跳去，那样容易摔下来，摔坏了你又要哭。"（×）

这样说更好：

"宝宝，下来！"（√）（用简短肯定的话）

"玩完的玩具为什么不收好？玩具总是随便乱扔，你来回跑很容易踩到摔倒。"（×）

这样说更好：

"听好了，妈妈只说一遍，玩具玩完之后要及时收到盒子里。"（√）（只说一遍）

父母对孩子讲话也要经过大脑过滤，要讲在点子上，不要信口开河。说出去的话、下达的命令要算数，不能出尔反尔。

非暴力沟通话术练习

到吃饭时间了，孩子还是在玩积木，你通常会对孩子怎么说？

1. 尽量用肯定短句。

2. 就事论事，不翻旧账。

3. 凡事只说一遍。

6. 与孩子讨论
比训话更重要

情景再现

海迪总是忘记上课要带的用具。

妈妈

> "你应当知道第二天上课应当带的用具，不应该忘记，为
> 什么总是不改呢？"

妈妈再次训斥道。

海迪

> "见鬼，又是这一套，都快烦死了。"

海迪在心里默默想道。

心理解析

孩子被父母一番训斥，原本有的惭愧换成了一腔怨气。如果父母不是一上来就发脾气或指责，而是与孩子做一番讨论，这样既可以了解孩子对这件事情的真实感受与想法，继而提出我们认为正确的建议，同时可以避免对孩子进行简单要求所引起的反感。

这样的方式就不是一味训斥的方式，而是平和且尊重孩子，不主

观臆断，愿意听听孩子的解释和看法。无论情况怎样，孩子是否有主要责任，这种平易的态度，都是赢得孩子合作的态度。

当孩子与我们有不同的观点时，我们应当找时间与孩子认真地谈一谈。在与孩子讨论他们的想法时，应当给予足够机会让他们尽情表达，并给予足够的理解。应避免讲出任何伤害他们自尊与感情的话，否则会使孩子存有戒心，不再愿意向你敞开心扉。

在相互平等的前提下，每个人都愿意重新衡量自己的观点，搞清楚谁的观点更符合实际，或更有道理，而不是简单的谁对谁错。

话术建议

"明天早上必须早起半个小时，要是又迟到了看我怎么收拾你。"（×）

这样说更好：

"告诉妈妈你想几点起床呢？"（√）（询问意见）

"你给我老实点，总是闹个不停！"（×）

这样说更好：

"你仔细观察一下周围的人，是不是除了你大家都很安静？我们和大家一样安静一会儿怎么样？"（√）（用具体代替抽象表达）

对孩子训话意味着告诉他你想怎样解决这个问题。你要让他像你一样思考问题。和孩子交谈，意味着大家一起寻找方法去解决问题。

这样就可以使孩子认识到他也可以为家庭做出贡献。

非暴力沟通话术练习

当你觉得孩子的头发太长了，需要去理发，通常你会对孩子怎么说?

1. 询问孩子的意见。

2. 试试拜托的语气。

3. 用肯定的表达加建议。

7. 教育，讲究的是说理

情景再现

路路在爸爸妈妈眼里是个特别淘气的孩子，他总是和大人过不去似的，你叫他往东，他偏要往西；你叫他认真写作业，他偏偏在那里瞎混时间；你让他在学校老实点，他三天两头被请家长；你让他少玩一点儿，他想方设法跑出去玩，而且一玩就玩到很晚……

"你这个孩子怎么这么不听话？快点！给我滚回家写作业！"

"你把这个错字抄 10 遍，给我好好记住了！"

"你下次再在学校闯祸，看我不收拾你！"

……

爸爸妈妈不知道怎么教育他，就采取强硬手段来镇压路路的"恶行"，但是，这对路路起不了多大作用，最多被打被骂的当时路路会收敛一点儿，过一会儿，这些警告就不起作用了。

心理解析

妈妈直言不讳的批评往往会给孩子咄咄逼人的感觉，使他难以接受而引发对立情绪。相反，如果掌握说服的技巧，就能够让孩子心悦诚服地接受妈妈的观点，教育效果事半功倍。

真正智慧的教育，是正确的说理教育。妈妈在教育孩子时，不要一味使用命令的方式，而应以友善的态度启迪孩子，把道理给孩子讲清楚。如果妈妈在教育方式上不肯用心，只凭一时的喜怒赞扬或批评孩子，或只是发号施令甚至是训斥，孩子一时会被妈妈的威风吓住，做听话状，但他再稍大一些，则不会买妈妈的账了。

我们不要苛求孩子立刻听从妈妈所说的每一句话，而是把道理讲清楚，给他适当留有思考及情绪准备的时间，当他感觉到妈妈所说的是对的，会更加尊敬妈妈，同时也可以有效地防止孩子的逆反心理和对抗情绪。

话术建议

要对孩子进行说服教育，那么，如何跟孩子进行成功的沟通和说服他呢？建议如下：

1. 建立一种积极健康的家庭沟通交流关系，应该改变妈妈是决策人，孩子是接受者这样僵化的家庭角色的分配。妈妈在家庭教育中应该懂得进行角色交换，每一个家庭成员都可以对他表述的愿望予以积极的辩解。当孩子能够参与讨论家里的通常是成年人的问题时，他才能够更好地理解妈妈。

2. 做孩子的工作要细心，要顺着孩子的天性进行引导。妈妈和孩子多沟通，应当把孩子看成一个独立的个体，给孩子一个私人空间。有进步及时表扬，提要求合情合理，纠过错讲究人情。

3. 跟孩子说理时，孩子会为自己辩解，妈妈应给孩子申辩机会。申辩并非强词夺理，而是让孩子把事情讲明白。让孩子申辩，他才会理解你的道理，使教育收到良好效果。

4. 要了解孩子的情绪状况，因为孩子和大人一样，情绪好时比较容易接受不同的意见，不高兴时则容易偏激，所以跟孩子讲理，要在其情绪较好时进行。

5. 要孩子遵循的道理，妈妈首先要严格执行，再给孩子讲道理时，才能理直气壮。如果妈妈总找借口不去上班，在孩子赖着不上学时，给孩子讲遵守纪律的道理，岂能有说服力？

6. 适当的妥协会使孩子更容易听得进你的道理。通情达理的妈妈在孩子看来，比只会说"不许"的妈妈要可亲可敬得多。

7. 说理时不要一味采取教训的态度，"你必须……""不要……"。换种方式，及时肯定孩子做得不错的地方，"上次在姑姑家做客，你表现就不错，这次要再进一步啊。"如此，他也能听得进去。

教育，讲究的是说理。只要妈妈用对了说理方法，把正确的道理说给孩子听，自然会取得很好的教育效果。

Part 3

没有沟通不了的孩子，
只有不会说的父母

1. 孩子的成长
从模仿开始

情景再现

牛牛是一个只有 15 个月大的男孩。有一天,他拿起妈妈的梳子一下一下地梳理着自己的头发。

牛牛的妈妈看到这个举动吓了一跳:"我从来没有给我儿子梳过头。他的头发又细又直,即便不梳理也很整齐。当我看到他拿着我的梳子熟练地梳理头发的时候,我感到很吃惊,看起来他好像天生就会梳头。我很纳闷,他是怎么学会的呢?"

心理解析

牛牛当然不是生下来就会梳头的,他是观察妈妈的一举一动而学会的。对于 1 岁左右的孩子来说,模仿是他学习各种技能和语言的非常有效的方法。

实际上,从孩子降生的第一天起,他就开始模仿父母了。首先是模仿父母的面部表情和发音,然后是身体动作和话语的模仿。初学语言的孩子,一开始就是模仿和重复周围人对他说的话。孩子不仅会模仿成人的语言、神态,也喜欢模仿成人的行为。如果孩子被允许去做大人的事情,他会非常高兴,比如拿扫帚扫地。

孩子不仅模仿与他亲近的父母或爷爷奶奶，而且还模仿其他的小孩子。孩子是靠模仿学习的。孩子通过模仿学习说话，学习语言，学习为人处世的态度，学习形成自己的价值观与个人的行为方式。有些习惯甚至都是通过模仿形成的。

另外，孩子的一些模仿会超出他的能力，因此，妈妈需要警惕孩子的安全问题。如果不存在危险因素，那么就等孩子要求帮助的时候再帮他一把。失败是孩子学习过程中不可缺少的一部分，妈妈要时常鼓励孩子自己再去尝试。那么，孩子才会在第一次失败之后再去效仿别人的成功做法，一次又一次地尝试，直到自己成功。

话术建议

1. 要鼓励和帮助孩子模仿，因为这是他成长的中间站。

2. 孩子通过每天看见父母刷牙和穿衣而逐渐学习这些技能。一旦孩子意识到"我自己能做！让我再试一次"，就能树立独立意识。

2. 当出了问题，要回应，
而不是反应

情景再现

10 岁的雷特保证给家里洗车，但是他忘了。

妈妈
> "你洗了车吗？"

雷特
> "洗了。"

妈妈开始不高兴了：

妈妈
> "你确定？"

雷特撒谎道：

雷特
> "我确定。"

妈妈生气了："你居然说你洗完了？你就是敷衍了事，你从来都这样。你只想玩，你觉得你能这样过一辈子吗？你要是工作了，还是像这样草率马虎，连一天都干不了。你太不负责任了！"

心理解析

这样的结果，不仅伤害了雷特的自尊心，而且对他身心发展也非常不好。

从一些小意外里，孩子可以学到很宝贵的教训。孩子需要从妈妈那里学会分辨什么是让人不愉快、让人讨厌的事情，什么是悲剧和灾难。许多妈妈对打碎了一个鸡蛋的反应就像打断了一条腿似的，对窗户被打碎的反应就像心被敲碎了一样。对于一些小事，妈妈应该这样跟孩子指出来："你又把手套弄丢了，这很不好，很可惜，不过这不是什么灾难，只是一个小意外。"这就是所谓的小意外，大价值。

丢失了一只手套不需要发脾气，一件衬衫扯破了，也无需像希腊悲剧里那样让孩子自己动手解决。

相反，发生小意外时，是传授孩子价值观的好时机。

但是，当遇到孩子行为不当时，妈妈往往意识不到是因为不安的情绪导致了那样的行为。在纠正他们的行为之前，一定要先处理他们的情绪问题。

所以，当孩子遇到问题或遇到不开心的事时，妈妈最好的做法是回应孩子，让孩子心灵有慰藉，而不是做出反应，质问孩子。可大多数妈妈都没有养成向孩子敞开心扉的习惯，甚至不知道孩子的感受及如何去感受。

如果让孩子说出自己的感受很难，那么妈妈能够学会倾听在他们愤怒的外表下所隐藏的担心、失望和无助，将会有很大的帮助。妈妈不要只针对孩子的行为做出反应，而是要关注他们心烦意乱的情绪，帮助他们应付难题。只有当孩子心情平静时，他们才能冷静地思考，才能做出正确的举动。

话术建议

1. 回应孩子。让孩子心灵有慰藉，而不是做出反应，质问孩子。

2. 在纠正他们的行为之前，一定要先处理他们的情绪问题。

3. 妈妈更要学会倾听在他们愤怒的外表下所隐藏的担心、失望和无助。

4. 告诉他那些失误只是小意外，这些小意外就是大价值。

3. "等我冷静一下再说"
——愤怒时最好闭嘴

情景再现

有一位母亲打电话给亲子教育王老师，抱怨道：

"我为了孩子，付出了一切，每天起早贪黑，任劳任怨，除了上班还要辛苦地照顾他的吃喝拉撒，还有学习。可是这孩子满身的缺点，我每次都大声地给他指出来让他改正，他根本不听，还跟我对着干，王老师，你帮帮我，怎么才能让孩子好好听进去我说的话呢？"

王老师给这位母亲的建议是，当这位母亲看到孩子的缺点，愤怒地想指出来时，一定要忍住，不要跟孩子说话。

结果，一个星期之后，孩子的母亲又打来电话说道：

"孩子慢慢变得听话了，有次他还问我：'妈妈，你怎么不说话了？是不是我哪里做错了惹你生气了？我以后改就是了。这真是让我高兴呀！"

心理解析

很多父母在管教孩子，尤其是孩子犯了错误以后管教孩子时，总是怒气冲冲的，其实，这时候大多数的父母都只是在发泄自己的愤怒情绪，而很少去考虑孩子的感受，也很容易就说出伤害孩子的话。

这样做的结果就是，父母伤了孩子的心，孩子也没有心情去听父母的说教，因此也不会接受父母的劝告和教导。

要想让孩子听进父母的劝告，父母一定要学会在愤怒时闭嘴。

话术建议

"写个作业磨磨蹭蹭，都写了多久了还没写完？"（×）

这样说更好：

"写作业的时候用笔指着作业本，认真快速地写完作业就可以出去玩。"（√）（把批评改为建议）

"每天吵着要养小狗，养了又不管，是你养还是我养呢？"（×）

这样说更好：

"你看，你的小狗朋友有点不开心，他是不是饿了，快给他喂点吃的吧！"（√）（描述事实，不做评价）

4. 不是孩子没主见，
就怕家长太强势

情景再现

崔老师被一位热情的妈妈请到家里做客，趁妈妈做饭期间便与她家儿子闲聊。

老师 "在哪个学校读书啊？"

妈妈 "噢，他在市一中。"

老师 "你们几点放学？"

妈妈 "他们4点半就放了，也是从学校直接过来的。"

唉，这妈妈真爱说话。

老师 "你们老家是哪儿的？"

妈妈 "他们是吉林那边的，爷爷那辈搬过来的。"

崔老师实在忍不住，轻轻地碰了碰妈妈，结果，这大姐说：

妈妈

> "儿子，你往里面去点，挤着崔老师了。"

……

饭后。

妈妈

> "崔老师，你看我们家孩子长得不错吧，就是不爱说话，对什么都无所谓，哪像一个十几岁的少年啊。"

老师

> "大姐，真不是你家孩子不爱说话，而是你自己说得太多了。你看我问他的问题，都被你说完了，他还说什么呢？"

心理解析

不是孩子没有主见，是根本不能有主见。孩子表达不好，因此在他说之前家长抢先说了。

很多时候，父母听到孩子不合理的请求就会直接否决，简单粗暴地压下了孩子的需求，孩子屈服于父母的权威，选择了表面上的妥协，但与此同时，他们的心门也不再向父母打开。

孩子呐喊，无视；孩子反抗，打压。终有一天，孩子悄无声息了，当然，又继续充当被指责对象——沉默寡言，没有主见。强势没有好坏之分，对孩子过于强势就是把孩子推到弱势群体里。

话术建议

> "这件事必须听我的，没商量。"（×）

这样说更好：

> "你自己的事情，你应该自己来拿主意。"（√）（允许孩子自己做主）

> "你都有味了，赶紧去洗澡！说今天洗就得今天洗！"（×）

这样说更好：

> "我们去浴室扮演鱼和海盗吧，还可以用纸条做个大胡子！"（√）（用有趣的语言）

5. 不拿自己的孩子
与他人比高下

情景再现

　　小明和小亮是表兄弟，两人经常在一起玩。这天姨妈和小亮聊起了考试成绩，小亮骄傲地告诉姨妈，他的各科成绩都是 95 分以上。

妈妈
> "你真是好孩子，学习总是那么好。"
>
> "小明，这次考试考得怎么样？成绩单在哪里？"

小明
> "在我房间里。"

小明很慢地回答。

看着他无精打采的样子，妈妈有些生气了：

妈妈
> "是不是又没考好？去把成绩单拿来，我要看一看。"

成绩单拿来了，没有一科上了 90 分。

妈妈
> "你真让我感到羞愧，小明。"

妈妈忍不住大声训斥起来：

妈妈

> "小亮成绩总是那么好，你为什么不能像他一样，你的学习环境哪一点比他差？你就是注意力不集中，不专心听讲，回房间去好好想一想，再来跟我谈。"

虽然已经不是第一次在小亮面前挨骂了，小明还是感到下不了台，含着眼泪回到了房间。

从此，小明觉得自己像一只丑小鸭，情绪总是不高，他常常感到来自小亮的压力，觉得自己无法比得过他。小明的成绩更是大幅度地下滑，仅仅上完初中，小明便辍学在家了。

心理解析

许多妈妈都喜欢拿自己的孩子与他人比较，总觉得自己的孩子没有人家的优秀，不知不觉地会用其他孩子的优点来比自己孩子的缺点。毋庸置疑，做妈妈的，没有谁不爱自己的孩子，经常拿别人家的孩子与自己的孩子相比，也是出于好心，希望孩子能以他人为榜样，学习别人的优点，超越别人，为妈妈争光争气。

但是，有时候好心也会做坏事，妈妈经常拿自己的孩子与别人做比较，对孩子造成的不良影响是特别严重的。这些孩子通常会有很多负面情绪，如不开心、愤怒和嫉妒等。在行为表现方面，他们会觉得得不到妈妈注意，因为妈妈似乎更喜欢别的孩子，他们常会采取一些特殊行为以吸引妈妈的注意，但这些行为通常都是妈妈不喜欢见到的。

其实，妈妈要想避免这种现象，最好的办法是不要把自己的孩子与别的孩子比较，而是关注自己孩子每一个微小的进步。毕竟，每个孩子都有自己的特点。人生在世，从没有哪两个人是一样的，各人有各人的天赋，各人有各人的性格，各人有各人的能力。如果妈妈只和更优秀的孩子比，看不到自己孩子的长处，而只看到孩子的短处，便容易使自己的教育收不到应有的效果，甚至彻底失败。

话术建议

"隔壁张阿姨家的孩子，会弹钢琴，会做饭，学习成绩又好，你怎么就什么都做不好？"（×）

这样说更好：

"不要着急，慢慢努力，你也会找到自己擅长的地方，跟他们一样优秀。"（√）（尊重差异）

"期末排名又下降了，真不知道你天天在学校都干什么了！"（×）

这样说更好：

"你看，虽然你的总体成绩下降了两名，但是上学期你还在为数学成绩发愁呢，这学期就进步了这么多分，真厉害。"（√）（纵向比较）

非暴力沟通话术练习

当你看到孩子英语考了 86 分，而他班里的大部分同学都是 90 多分，你通常会怎么说？

1. 尊重孩子与别人之间的差异。

2. 纵向比较，找到孩子的优点。

3. 看到并说出孩子的优点。

6. 孩子为什么不告诉你
他在想什么

情景再现

有位女老师问班上的一名学生：

老师
> "你和你父母的关系融洽吗？"

那位同学很无奈地说：

学生
> "老师啊，我现在和父母之间的沟通越来越少了，每天回到家之后，我都会将自己关在房间里，除了吃饭，我和父母都不怎么说话。"

老师
> "为什么不喜欢和父母说话？"

老师追问，这位同学道出了实情：

学生
> "和他们说话，总像是在接受命令。他们不想了解我的心思，我也就不想和他们说了。"

心理解析

看到这里，也许很多父母会感到很诧异，因为他们多半都认为自己做得很到位：我天天在跟孩子说，你要好好学习啊，一定要有出息啊，可千万别走某某的老路啊……难道这不是沟通吗？还有家长觉得：我整天跟孩子在一起，我陪着他写作业，我为他整理书包，难道这不是交流吗？

很多家长会有这样的困惑，孩子和同学、朋友甚至网友都能侃侃而谈，唯独对自己惜字如金。一旦问得稍微多一些，孩子极有可能会把父母顶撞得哑口无言。很多家长都有这样的感慨：不知道孩子在想什么，也无法知道。明明孩子近在眼前，却仿佛远在天边。

家长迫切地想要把自己的担心和忧虑告诉孩子，也希望孩子能将自己的想法及时告诉自己。可是，家长越是耳提面命、谆谆教导，孩子表现得越叛逆，甚至在内心对父母竖起了一堵高高的"墙"，表示他根本不想让你走进他的世界。实际上，问题的关键在于，父母习惯将自己的教训、命令、责骂都归于沟通。事实上，这根本就算不上沟通，父母习惯用单向、带有指令式的方式和孩子进行交流。虽然，家长往往倾注了全部的情感和孩子进行沟通，苦口婆心换来的却不是好的结果。

这已成为一个无法调解的对立问题：孩子认为爸爸妈妈不了解自己，而家长却抱怨孩子不对自己说心里话。纵然家长有为孩子热忱服务的心，孩子也会感到困惑和无力，甚至会感到痛苦和焦虑。

话术建议

"后天就考试了，还看电视？不知道复习复习吗？"（×）

这样说更好：

"考前可以适当看电视放松一下，但是有时间可以把错题整理复习一遍。"（√）（用肯定的表达加建议）

"吃完了，赶紧刷碗去！"（×）

这样说更好：

"妈妈有点忙，小帮手可以帮妈妈洗一下碗吗？"（√）（改变你的语调）

　　要想让孩子告诉你他的心中所想，必须以信任的态度来对待他，保持一种轻松愉快的气氛，和孩子进行一种朋友式的交谈。

　　当孩子跟你交流的时候，一定要用信任、亲切的眼光注视他，让他感到你在认真听，如果孩子觉得父母很重视他，就会变得主动起来，愿意和父母诉说关于自己的事情。

7. 孩子说谎，
找原因胜过责骂

情景再现

女儿去张同学家玩，回来的时候把同学的小卡片拿来了。

妈妈发现后：

妈妈
> "你应该把卡片还给同学，别人的东西再好也不可以拿。"

女儿答应了。

几天后，和女儿一起去做客的佟同学的妈妈打来电话。

佟妈
> "你女儿和小张说，我女儿把她的卡片拿回了家，她帮我女儿还回去的。"

晚上回家后妈妈问女儿：

妈妈
> "你是怎么和同学说的？"

女儿意识到自己的谎言被揭穿了，有点儿不安，但并没有说出真话，只说自己忘了。

妈妈大声地训斥她，并且要求她明天分别向两个好朋友道歉。可是，女儿却哭着跑开了。

心理解析

仔细想想，父母的生气并非没有理由：辛辛苦苦养大的孩子怎么转眼间就变成了一个说谎精，平日里品德教育的作用都去哪里了？可是，生气归生气，生气之后应该冷静下来，找找孩子说谎的原因。要知道，只有对症下药，才可能让孩子真正改掉说谎的坏习惯。

需要注意的是，不少父母总觉得撒谎是一个不可饶恕的错误，撒谎的孩子一定是品行出了问题。其实，仔细分析孩子说谎的原因，就知道这种说法有些小题大做了。

孩子撒谎固然不好，但是并非孩子的所有错误都与品德不端有关。许多时候，孩子犯错的最初原因可能在家长身上，也可能是无意中模仿大人的不实之词，或出于自我保护的本能，或为了迎合家长的过高期望，满足某种虚荣心。孩子犯错，作为家长要正确引导，根据不同情况客观分析，对他进行正确的教育引导，即使孩子犯了错，只要说了真话，就应肯定他的表现，并引导他不断完善自己。

话术建议

面对说谎的孩子，家长应该怎么办呢？

1. 关爱孩子，尊重、信任孩子。

2. 以正面教育为主，对孩子多表扬、少批评。

3. 耐心细致地说服教育。可以帮助孩子分析说谎的原因及可能产生的后果，让孩子在拥有足够安全感的情况下，坦然承认自己的错误，培养孩子的勇气。

4. 以身示范，让孩子积累正面的道德经验。

8. 用孩子的眼睛看世界，
孩子才会听你的道理

情景再现

社区中心健身房外的走廊里，一个 2 岁的男孩突然大发脾气。

他一下子趴到地下，又哭又叫，两脚乱踢。

他的母亲就在他身旁，一句话都不说，放下手里的东西，先蹲下，再坐下，后来索性全身趴在地上，使她的头和儿子的头成了一个水平线。

母子两个旁若无人地趴在那里好半天。最后，孩子脸上的愤怒慢慢消失，显露出平静，哭叫声变成了耳语，终于把哭红的小脸靠在地板上，他的妈妈也同样把脸靠在地板上。

孩子看母亲，母亲就看孩子。最后孩子站起来，母亲也站起来。

母亲拿起地下的东西，向孩子伸出手来。孩子抓住了母亲的手。两人一起走过了长长的走廊。

心理解析

母亲专心致志地趴在地上，仿佛要尽自己最大的努力从孩子的角度来理解他发脾气的原因。正是由于这样虔诚的努力，两个人建立了默契的沟通，孩子平静了下来，而这位母亲自始至终没有说一句安慰孩子的话。

　　这位妈妈的法宝，就是用孩子的眼睛看世界，与孩子感同身受。与孩子交流，最重要的就是懂得用孩子的眼睛来看世界。在日常的生活中，可能很多人都有这样的经验：当我们被人理解之后，内心就会感到温暖有助而心心相印，在这种情况下的人通常容易打开心扉，畅所欲言。而当一个人感到自己不被人理解的时候，内心就会感到委屈孤独，什么都不愿意说，甚至刻意疏远别人。成人都如此，更何况是孩子？所以，妈妈在爱护孩子、教育孩子的时候，也应该设身处地地把自己放在孩子的角度考虑他是否可以接受。

　　很多妈妈为与孩子如何沟通感到头痛：孩子心里有秘密不会告诉你；孩子遇到了难过的事情不会找你诉说，甚至孩子遇到了困难都不愿意找你来帮助。难道我们不爱自己的孩子吗？他们为什么要对我们充满了敌意呢？你的至理名言，被孩子当成了耳旁风；你苦口婆心的训导，让孩子感到心烦意乱。这到底是为什么呢？作为妈妈，如果不懂得从孩子的角度来和他交流，那一定会使沟通出现重重的障碍。

　　当妈妈试图努力让自己用孩子的角度来看问题的时候，他们也会逐渐意识到应该学着用妈妈、老师的眼光来理解世界，这样，妈妈的价值观才能得以很好地传递给孩子。

话术建议

"天天除了吃饭就是玩游戏，能不能做点正事！"边说边走过去拔掉了电脑电源。（×）

这样说更好：

"今天状态如何？破纪录了吗？"（√）（用儿童式的语言）

"哭哭哭，这么点小事就哭，积木倒了重新搭不就行了吗？"
（×）

这样说更好：

"没关系，看妈妈和你一起搭个不一样的城堡。"（√）（安抚情绪）

　　如果妈妈细心地感受孩子的情绪，不剥夺孩子自由的呼吸空间，那么孩子就能和妈妈好好沟通，更能听得进去妈妈的教导。

9. 罗森塔尔效应：
夸奖带来的效益

情景再现

美国著名的心理学家罗森塔尔教授曾经做过这样一个实验。

他来到一所普通中学，在一个班里随便走了一趟，然后在学生名单上圈了几个名字，告诉他们的老师说，这几个学生智力很高，很聪明。

过了一段时间，教授又来到这所学校，惊奇地发现那几个被他随意选中的学生现在真的成了班上的佼佼者。

心理解析

为什么会出现这样的现象呢？

这是因为，罗森塔尔教授是著名的心理学家，在人们心中有很高的权威，老师们对他的话都深信不疑，因此就对他指出的那几个学生充满了信心，经常称赞他们。

而学生也感受到了这种期望，认为自己是聪明的，从而提高了自信心，就真的成了优秀学生。

称赞会给孩子以极大的鼓舞，而父母的表扬与其他人相比产生的作用会更大。心理学家经过实验发现，孩子总是在无意中按父母的评价强调自己的行为，以期得到父母的表扬和认可。对孩子的 些想法和行为，不能按照成人的标准来判定，应该发自内心地赞美孩子。这样，孩子进步就会越来越快，也会把父母当作生活中的良师益友。

话术建议

"别动，你一个小孩子会做什么家务？"（×）

这样说更好：

"宝宝真懂事，这么小就想帮妈妈擦桌子，将来一定是个优秀的孩子。"（√）（夸奖发自真心）

"你做的这是什么啊？"（×）

这样说更好：

"你真棒，我小的时候就没有你这样有创意！"（√）（挖掘孩子的特质）

夸奖具有启发性和鼓励作用，但夸奖过多，会带给孩子压力，形成焦虑。所以，夸奖也要适度。

非暴力沟通话术练习

如何夸奖最有效？

1. 夸奖的话不能言过其实。

2. 有效的夸奖是夸奖过程而不是结果。

3. 夸奖要发自真心。

4. 夸奖要留有余地，给孩子进步的空间。

10. 80/20
——与孩子对话的黄金法则

情景再现

周末，小敏正坐在家里看电视，忽然之间感到很无聊，于是就伸了个懒腰说：

小敏

> "啊！好无聊啊！"

没想到这时候本来在做饭的妈妈冲了出来：

妈妈

> "无聊就出去玩玩儿！要不就去看看书吧！作业做完了没有啊，没做完作业的话哪有时间无聊？"

小敏当时听了特别生气，感觉糟糕透了！

心想：我只不过说了一句话，只是想关了电视去找点别的事情做，没想到就被妈妈劈头盖脸地批评了一番！我以后再也不跟妈妈说这些了！

心理解析

80/20 法则向我们揭示了这样一个道理，即投入与产出、努力与收获、原因与结果之间，普遍存在着不平衡关系。小部分的努力，可以获得大的收获。起关键作用的小部分，通常就能主宰整个组织的产出、盈亏和成败。

所以，我们做事情应该把自己的精力花在重要的少数问题上，因为解决这些重要的少数问题，你只需花 20% 的时间，即可取得 80% 的成效。而和孩子谈话，亦是如此。

妈妈们常常犯一个重要的错误，就是她们说得太多。她们过早地对孩子进行长篇大论式的谈话，并且还常用一些孩子听不懂的词。那些在孩子很小的时候就开始对他们讲大道理的妈妈发现，随着孩子年龄的增长，他们变得越来越不好管教。当他们长到十几岁时，妈妈又试图用严厉的惩罚来对待他们，但是已经听惯了大道理的孩子会比一般的孩子更不接受这种惩罚。

所以，要根据孩子的年龄和成熟程度把握好谈话的度。成功学大师卡耐基在教导人们怎样对话的时候，建议我们把 80% 的时间留给对方来发言，把剩下的 20% 时间拿来提一些能够启发对方说下去的问题。可以说，对话的过程重在倾听，妈妈们更要懂得这个法则。

一般而言，最好对年龄小的孩子侧重管教，而对大孩子则多交谈。例如，告诉 2 岁的孩子电源是危险的不能碰，就不如把他的手一把拉开并严厉地说"不能碰"，以便使他能立即理解你的意思。

可是，如果你不对一个 13 岁的偷偷抽烟的孩子详细地解释尼古丁的害处，而是简单地责罚他，那么将不能收到好的效果。在这些青少年的世界中，他们需要大量的空间去表达自己，需要耐心的听众。妈妈们多多倾听，让他们说出自己的想法，并且及时解答他们的疑惑。这就像大禹治水，重在疏导，而不是想办法用东西堵塞。

话术建议

"有什么事你快说，我听着呢。"一边说一边忙其他的事。(×)

这样说更好：

"今天又有什么高兴的事要跟妈妈分享吗？"一边说一边来到孩子身边坐下来。(√)（放下手里的一切）

孩子说半天，你没有任何回应。(×)

这样说更好：

听完孩子的话，要及时给予回复："哦……嗯……是这样啊……你做得很棒。"(√)（简单回应）

当孩子厌烦了你的话语，甚至一听你的谈话就捂着耳朵钻进被子里，不妨巧妙地运用80/20黄金法则，作为妈妈的你就会发现其实我们可以花最少的力气取得更好的效果。

Part 4

学会倾听，是与孩子沟通的第一步

1. 缺少了尊重，
无法读懂孩子的心

情景再现

有个孩子他天生不会唱歌，唱起歌来声音就像在敲破砂罐。上小学二年级时，班上举行唱歌比赛，他只得在家里练唱。

母亲恨铁不成钢，烦躁地说："你这哪里是唱歌，分明是在嚎叫！"

这句无意中的评价，不但使这个孩子对练歌失去了信心，连上学都感到痛苦。

心理解析

这句话如果是出自他的一个同学，他虽不愿听，但他还可能同他吵，甚至回敬他一句："我是嚎叫，你是猪叫！"但是这句话出自自己的母亲，他所信赖、尊敬和依靠的人，他就无法反驳了。因此，这种伤害可能是无法弥补的。

孩子进入小学后，就会有自己的生活圈，有自己的朋友，自己的世界。在那个世界里，孩子在心理上认为自己是独立的，可以不受父母的控制。为了维护自己的面子，有时孩子甚至会故意不听话。母亲在孩子的朋友面前指使孩子，就等于告诉孩子的朋友你的孩子还没有独立能力。一旦同学们发现某人样样都不能做主，就不会再找他玩，不再接受他。这对孩子社会性的发展非常不利。然而，孩子的这种心理却不易被父母理解或为父母忽视，以致产生一些不必要的争执和伤害。这些都值得做父母的警惕与注意。

要求孩子尊重父母，是古今中外公认的道德规范。但是，要求孩子尊重父母是以父母也要尊重孩子为前提的。很多父母可能还无法接受这样的理论。父母是长辈，子女是晚辈，子女尊重父母天经地义，从古至今历来如此，却从没听说过父母有尊重子女的责任。

一个孩子长到八九岁，就会有些独立的意志和欲望，尤其是上了中学以后，他会在心理上认为自己是独立的。他已经有了一些是非善恶的标准与概念。对孩子的这些概念，只要不是错误的，父母就应尊重。而且事实上，做父母的也大都这样做了，因为谁都不会有意去侮辱自己的孩子。

话术建议

"你真是白吃了几年饭！你是小学一年级的吧！"（×）

这样说更好：
"妈妈相信只要你好好做，认真地去做，一定能做得很好。"（√）（表示信任）

"学习成绩那么差还想成为歌唱家？好好学习比什么都强！"（×）

> **这样说更好：**
>
> "要想成为歌唱家是需要付出努力的，让我们从现在开始每天练习发声吧！"（√）（引导孩子为梦想努力）

父母一定要学会尊重孩子的自尊心。一个孩子一旦失去了自尊，也就丧失了前进和奋发图强的意志和勇气。

非暴力沟通话术练习

你发现孩子偷偷把朋友家的玩具带回家了，你会怎么说？

1. 直接指出孩子的错误，并给孩子恰当的惩罚。

2. 守护孩子的自尊心，帮助孩子找出犯错的原因，解决孩子遇到的问题。

2. 学会倾听，
才能了解孩子

情景再现

露露很活泼，爱说话，每天放学后，都会把学校里发生的趣事说给妈妈听，可露露的妈妈觉得露露说的这些话都没用，简直就是在浪费时间，所以每当露露正说得高兴的时候，妈妈总是不耐烦地打断她：

妈妈
> "整天只会说些废话，这些话有用吗？一点儿用也没有！你把这心思放在学习上多好，快去做作业！"

最近一次露露说班里发生的一件事，正说得兴高采烈时，妈妈忽然凶巴巴地说：

妈妈
> "说了你多少次了，让你别说这些废话，你还说，如果你以后再记不住，看我不打你！"

吓得露露一个字也不敢多说，灰溜溜地逃回了自己的房间。

慢慢地，露露在家里话越来越少了，每天放学都闷在自己的房间里。

心理解析

　　人都需要发泄，需要倾诉，就像故事中的露露一样，虽然她只是个孩子，但也需要倾诉，更需要有人听她倾诉。所以这个时候，好妈妈不妨多听孩子说说心里话。

　　许多妈妈认为，孩子在小的时候，应当对妈妈的话言听计从。其实，一个好妈妈不应当采取这样的教育方法。尤其是当孩子渐渐长大，有了自己的思想与主见后，做妈妈的更应摒弃这种做法。而应倾听孩子的心声，把他当作一个独立的个体，与孩子进行平等的交流，孩子才会快乐地成长。

　　孩子希望自己的妈妈可以分享他们的成功、喜悦，分担他们的忧愁、痛苦。同时，他们也希望妈妈可以听听自己的理想、抱负，而不是只爱听"好消息"，不爱听"坏消息"。譬如，当孩子放学回家后，兴致勃勃地跟妈妈说起学校里发生的一些趣事时，她们却不愿意听，甚至会怒斥道："你瞎操什么心，小小年纪懂什么，你现在最重要的是学习，其他的事情不必操心，赶快回房间学习！"长此以往，孩子会认为妈妈不愿意听他说话，觉得什么事情说了也是白说，还不如将它埋在心里。久而久之，这种消极情绪找不到发泄和化解的渠道，积累到一定程度就可能突然爆发，变成一种对抗情绪，那时妈妈与孩子沟通就更困难了。

　　一个好妈妈不但要倾听孩子说话，更要学会如何倾听。在倾听孩子说话时要做到：不急于表达自己的看法，尽量让孩子充分地表达他的意见；不随意打断孩子说话，在他一时没接上来时，耐心等一等。这样一来，孩子觉得得到了尊重，也就会把妈妈当成倾诉的对象。

话术建议

"你瞎操什么心，小小年纪懂什么，你现在最重要的是学习，
其他的事情不必操心，赶快回房间学习！"（×）

这样说更好：

"后来呢？""接下来发生了什么？"（√）（引导孩子说完）

"一天天摆个臭脸给谁看呢？"（×）

这样说更好：

"妈妈觉得你今天好像有点儿不开心啊，是发生什么事了吗？"
（√）（让孩子感受到被关心）

　　学会倾听是了解孩子最有效的途径，应该引起妈妈足够的重视。
妈妈有必要定期抽出专门时间来倾听孩子的心声，让孩子感觉到被重
视。随着孩子对妈妈的信任感越来越深，他便会渐渐地袒露内心世
界，让妈妈知道他内心真实的想法。

非暴力沟通话术练习

　　用倾听的方式与孩子交谈。

　　1. 放下手里的工作。

　　2. 对孩子说的话做出简单回应。

　　3. 耐心听孩子把话说完。

　　4. 表达对孩子的关心。

3. 不管对错，
不要压制孩子的争辩

情景再现

多多的妈妈是一位老师，教学生觉得挺容易，可教育儿子她却总是不得要领。多多聪明可爱，但也很刁蛮任性，老惹妈妈生气，妈妈一生气就劈头盖脸地骂他，数落他的不是。星期日，多多在外面疯了半天，到了晚饭时间才回来。

妈妈

> "你怎么这么晚才回来？又跑了一身汗，快点洗洗吃饭！以后星期日下午不准出去了，好好复习一下功课，自己成绩下降了一点儿也不着急吗？一点儿上进心都没有！"

多多不说话。

妈妈

> "别站在那儿，快点去洗手啊，还要人说几遍？"

多多看妈妈态度诚恳，就说：

多多

> "我觉得这样很不公平！"

妈妈

> "怎么不公平了？你做得不对我教育你有错吗？"

多多

"我不就是去玩了一会儿吗，你就劈头盖脸骂我，一点儿也不像个老师，简直就像个……"

妈妈

"像个什么呢？"

多多

"像个泼妇……"

从这以后，妈妈再也不骂多多了，而改用了说理的方法，很多时候也允许多多跟她争辩一番。渐渐地，多多对妈妈亲近了，考试做错了题会一五一十向妈妈说清原因，出门也总会跟她说清去处和时间……

心理解析

多多的妈妈如果能够换一种谈话或者是聊天的方式引导多多学习，而不是唠唠叨叨地逼他，认真听听孩子的争辩，就能注意孩子的情绪变化，避免他产生抵触和逆反心理。

当妈妈与孩子针对一个问题有不同意见而争吵的时候，两个人几乎都不听对方在说什么，她们的谈话更像两段独白，一段充满了批评和指令，另一段则全是否认和争辩。这种沟通的悲剧不是因为缺乏爱，而是缺乏相互尊重；不是缺乏才智，而是缺乏技巧。

应该重视孩子争辩后面隐蔽的心理变化，因为孩子发怒或者调皮捣蛋往往都是有其隐秘的心理原因的，当他表现出故意顶撞妈妈或者说粗话等不良行为时，许多妈妈往往没有注意到他这种行为背后所隐藏的深层心理意义，而只是厉声地批评孩子。

话术建议

> "你闭嘴，你别说话，让你插嘴了吗？"（×）

这样说更好：

不要打断孩子的争辩，让他把话说清楚。（√）

> "怎么？你做错事你还有理了？"（×）

这样说更好：

"来，让妈妈听听你为什么要这么做？"（√）（做一个倾听者）

当孩子因为一件事争辩时，妈妈首先要做到不是批评责骂，而是弄清孩子心里的想法。看看造成这样的原因是什么，然后再有针对性地给孩子以指导。

4. 多提一些建议，
少提一些要求

情景再现

小松今年 17 岁，正在读高二，因班里高手云集，竞争激烈，他自感心理压力很大，经常会出现头痛、失眠、焦虑的情绪，总与同学发生冲突。回到家里，小松还经常对妈妈发脾气，甚至摔东西，他还扬言要出家当和尚，不读书了。小松的妈妈为此忧心忡忡。

后来，妈妈对小松的情况进行了分析：从初中到高中，从喜欢学习到厌倦学习，小松之所以出现如此强烈的反差，主要还是因为心理上的不适应和竞争压力大的原因。找到了问题的根源后，妈妈便不再强迫小松学习，也不和他发生冲突，而是帮助他化解压力，使他明白，搞好学习并不一定就是要拿到好的名次，最重要的是充实和提高自己，只有这样才能在学习中找到乐趣，在生活中得到满足。

没多久，小松就在妈妈的耐心劝解下，恢复了对学习的兴趣，成绩一跃而上，不良情绪也自然而然地消除了。

心理解析

在家庭教育中，如果父母想强迫孩子按照他们的要求做，说一些"不行，不准去！""赶紧吃，吃完写作业去！"的话时，一定要自我反思——谁都不喜欢被命令、被要求。

　　由于父母担心孩子现在的性格会影响今后的路，便让孩子按照自己要求的去做。可结果却不像父母所要求的那样。要知道，强行要求孩子做某件事，只会让孩子无法接受，甚至会引起孩子的反感。

话术建议

> "能不能好好跟小朋友们玩，改一改你的臭脾气？"（×）

> **这样说更好：**
>
> "你看别的小朋友都有自己的好朋友，如果你也跟你的朋友好好相处的话，你一定是最受欢迎的。"（√）（正面鼓励）

> "你怎么那么自私呢，就不能把你的玩具给其他朋友玩吗？"（×）

> **这样说更好：**
>
> "这个玩具这么好玩，如果你可以和其他小朋友分享的话，他们一定会更喜欢你的！"（√）（委婉建议）

　　当孩子出现一些父母不喜欢的行为时，父母要做的是学会对孩子提建议，而不是一味地去要求孩子。

5. 善于领会孩子
传递的信息

情景再现

　　李铮是一个出类拔萃的学生。最近，他在不知不觉中对班上的一名女生产生了好感。他觉得有些困惑和迷茫。

　　一天晚上，妈妈在工作，他走过去，试探性地问：

李铮
　"妈，你累了吗？"

妈妈
　"儿子，妈妈不累。"

李铮
　"妈，我给你捶捶背吧！"

妈妈
　"儿子，妈知道你懂事，可我现在还没忙完呢。"

　　听了妈妈的话，李铮知趣地走开了。

　　后来，妈妈转念一想，觉得儿子今天的举动异常，应该有什么事情想跟自己说，于是，她放下了手中的活儿，说：

妈妈 "儿子，妈妈忙完了，你有什么想跟我说吗？"

李铮便把自己的问题和困惑向妈妈诉说了一番。

心理解析

在日常生活中，做父母的要多关心和了解孩子，尤其对于那些性格偏于内向，说话喜欢拐弯抹角，不善于表达的孩子，父母在交流的时候要注意观察。这类孩子的内心想法和感受可能不像自己表达的那么简单，也许有着更为深层的内容。

另外，作为父母还可以通过孩子一些肢体语言，情绪及习惯的突然变化来推测孩子是不是话里藏话。比如一个平时大大咧咧的孩子突然说话小心翼翼，这时候父母就要小心了。孩子心里可能还有一些无法直接开口的话等你来听呢。收到孩子传递的信息，才可以更好地了解孩子的需求，有针对性地帮助孩子解决问题。

话术建议

其实，要做到这些，也不是很难。下面是给家长的一些建议：

1. 要认真倾听孩子诉说。

2. 在与孩子的交流中，要仔细观察孩子的表情、肢体动作等。

3. 多站在孩子的角度上想问题。

非暴力沟通话术练习

你的孩子不擅长绘画，每次画画都画不好。有一天，你们一起在少年宫看画展，孩子指着墙上的画问："这幅画怎么画得这么难看？"你会有怎样的反应呢？

1. "这幅画是很难看。"

2. "再难看也比你画得好。"

3. "不要这样说，对人不尊重。"

4. "但是很可爱是不是？"

6. 不要随意打断
孩子的诉说

情景再现

于涛参加校运会的长跑比赛得了第一名，晚上，他兴高采烈地回到家，忍不住想跟妈妈分享自己的喜悦。

于涛
> "妈妈，我今天参加了长跑比赛。参加长跑的很多人水平都很高。"

于涛说得津津有味。

此时妈妈正忙着打扫屋子，就随口说了句：

妈妈
> "嗯，快去写作业吧。"

于涛
> "可是，我还是得了第一名，在跑前面两圈的时候，我前面还有好几个人呢，我以为自己要跑倒数了，谁知……"

没等于涛说完，妈妈就打断他说：

妈妈
> "你这孩子，叫你去写作业，你没听到啊！整天就知道不务正业。跑步好有什么用？就能被重点学校录取了？"

心理解析

在成人的交际中，我们知道随意打断别人的话是不礼貌的行为，但在与儿童的沟通中，却容易忽略这一准则。有不少家长像于涛的妈妈一样，根本就没有耐心听完孩子的诉说，随意打断孩子的话，这会令孩子失去倾诉的欲望，不愿意多跟父母交流自己的想法。

其实，和孩子建立良好的亲子关系并不难，不随意打断孩子说话，就是一个简单而实用的方法，能起到意想不到的教育效果。如果父母总是随意打断孩子的话，会造成诸多消极的影响：一是会让孩子觉得自己得不到父母的尊重，长此以往，他们就会习惯于把话藏在心里，不肯对父母说；二是会让孩子觉得自己和父母的地位是不平等的，自己的说话权得不到重视，时间长了，孩子就会与父母产生对抗情绪，以致双方相互不信任，沟通困难；三是可能会影响孩子语言表达能力的提高和性格的发展，一些孩子可能会因此而变得自卑、内向、沉默寡言。

孩子也有话语权，一个孩子如果总是被"住口"二字打断，慢慢就会变得沉默，懒得跟大人交流了。大人的这种"禁言令"让孩子觉得自己根本不受重视。所以，当孩子想说话时就让他尽情地说，当孩子沉默的时候就鼓励他说。鼓励孩子说出内心的想法，会让孩子变得善于思考，也会使他的自主意识得到加强。

话术建议

> "我希望你以后每天回到家里能安静点，不要喋喋不休。"（×）

这样说更好：

"妈妈很想知道今天又发生了什么事？"（√）（表示自己的好奇）

"去去去，别烦我！"（×）

这样说更好：

"好呀，妈妈很愿意听你讲故事。""嗯，你接着说。"（√）（鼓励他继续表达）

　　当孩子向父母倾诉的时候，父母应做出很重视的样子，这样会让孩子高兴，并且使他们的自信心得到增强。有调查显示，70% ~ 80% 的儿童心理问题和家庭环境有关，特别是与父母对孩子的教养和交流沟通方式不当有关。为了帮助孩子健康成长，父母不仅需要平时多与孩子沟通和交流，更应该在双方对话的时候多耐心倾听，少打断孩子说话。

7. 营造良好的沟通氛围

情景再现

一个母亲，她从孩子很小时就注意和孩子的情感交流。每天在孩子上床时都要问问他："今天过得开心吗？"孩子长大后，就形成了在睡前和妈妈沟通的习惯，有什么不顺心的事就像朋友一样告诉妈妈。

有了这样的感情基础，孩子就容易接受妈妈的建议和忠告，容易跟妈妈建立起朋友般的关系。

心理解析

如果缺少家长的陪伴与沟通，孩子就容易"情感饥饿"。"情感饥饿"的孩子特别任性，偶尔还会做出一些古怪的行为，以引起家长对他的注意，又或者极端地自闭内向，郁郁寡欢。

当孩子出现这些情况以后家长才发现自己的失职，后悔不已，也许已经来不及了，因为弥补受到伤害后的亲子关系，赶走孩子的"情感饥饿"，也许要花很长的时间，也许永远也不能实现了。因此，要从小就注重与孩子的交流，这是一个温暖的家庭必不可少的活动。

话术建议

"你今天的功课完成得怎么样？"（×）

这样说更好：

"今天过得开心吗？"（√）（从关注功课转移到关注情绪）

"有时间多复习复习功课！"（×）

这样说更好：

"听说附近新开了一家甜品店，走，我们去看看，顺便聊聊在学校发生了什么好玩的事吧！"（√）（营造舒适的环境）

即使能陪伴孩子的时间很短，但只要注重质量，仍然能让孩子感受到父母对他的关心，建立良好的亲子关系。而当孩子得到爱与关怀的时候，他的自信心就会持续增长。

一个温暖的家庭、一个注重交流的家庭，培养出来的孩子性格肯定比较好，因为在这样的家庭里孩子能感受到父母的爱，能和父母很好地交流沟通。因此，想让孩子快乐成长的父母，从和孩子好好沟通开始吧，给孩子建立一个温馨的家庭，给孩子一个好性格。

8. 尊重孩子的小秘密

情景再现

小辰今年上五年级了，有一天回家，她发现妈妈竟然正在看自己写的日记。

她很生气，就对妈妈说：

小辰
> "我们老师说了，日记是自己的秘密，任何人都不能偷看！爸爸妈妈也不能！"

妈妈
> "这怎么是偷看呢？妈妈有权利了解你的思想动向，这样发现问题之后好及时帮助你啊！"

小辰
> "我不需要你的帮助！反正老师说了日记不能让其他人看。"

见女儿冲自己大喊大叫，妈妈的火气也上来了：

妈妈
> "你怎么说话呢？我是你妈妈，难道我把你养大，还没资格看看你的日记吗？"

小辰听完这句话，一把夺过妈妈手里的日记本，躲进了自己的房间。从那以后，小辰就开始和妈妈"打游击"，原本不上锁的抽屉上了锁，还把日记本用头发丝"封"了起来，每天回家第一件事就是检查头发丝是不是断了。

心理解析

随着年龄的增长，孩子的生活领域日益扩大，情感世界逐渐变得丰富，同时他们的自我意识不断增强，开始渴望独立，渴望受到社会和家庭的尊重。所以，孩子们开始有了自己的小秘密。从教育学的角度来说，拥有秘密对于孩子的成长具有很重要的作用。因为秘密往往与责任紧密相连。不管孩子保守的是什么秘密，是自己的还是别人的，当他决定对父母保密，他就与自己的灵魂订下了一个约定。

同时，孩子有了秘密，还代表孩子有了独立思考的能力，他会产生许多只属于自己的思想，虽然这些思想有时不一定正确，却深深地刻下了"我"的烙印。父母不可能替孩子消化食物，同样父母也不能替孩子思考。孩子自己探索生活的这个过程本身就是可贵的。

当孩子有了隐私，很多妈妈很担心，总是想方设法地去侦察，如偷看日记、私拆信件，甚至盗取聊天软件密码。妈妈们总是觉得，孩子的心里能藏着多大的事呢？都是些小事，我看一下也无妨。可对孩子来说，再小的秘密也是大事。妈妈不尊重他的隐私，就是对他的不信任、不尊重，这极大地伤害了孩子的自尊心，破坏了他的安全感。

其实妈妈们想要了解孩子的小秘密也并不是一件很难的事情，要了解孩子的秘密，最重要的是要压制住自己的好奇心，尊重孩子拥有秘密的权利。

孩子作为一个独立的个体，具有自己的隐私和敏感的自尊心。他有被尊重、被承认的心理需求，妈妈就应该满足孩子的这种需求。孩子得到了妈妈的尊重后自然也会懂得如何去尊重妈妈，尊重他人。懂得尊重孩子的妈妈在孩子心中必定是有威信的，懂得尊重孩子隐私的妈妈，必定是孩子愿意告之一些隐私的妈妈。

话术建议

"日记有什么不能看的？我是你妈妈，你什么事我都得知道！"
（×）

这样说更好：

"我的女儿长大了，有自己的小秘密了！"

"以后如果你有不愿意被爸爸妈妈看到的东西，就在显眼的位置标上'个人隐私，谢绝观看'，爸爸妈妈保证不会看，好不好？"（√）（学会尊重孩子）

"我有资格了解你的想法，才能不让你走弯路！"（×）

这样说更好：

"妈妈像你这么大的时候也有自己的小秘密，还把它锁在抽屉里，现在想起来，那些小秘密都是妈妈曾经的快乐。"（√）（从自己出发给予理解）

其实，隐私是可以转化的，当孩子不信任家长时那些东西是隐私，当他信任你的时候，那就不是隐私，他会主动和你分享。所以家长应该通过关怀、尊重等方式赢得孩子的信任，让孩子主动与你分享他的成长故事。不过家长也要注意，如果承诺了不会窥视孩子的秘密，那就一定要守信。

　　妈妈应该尊重孩子的隐私，让他有种平等的感受，这是对孩子人格的保护，妈妈也会因而赢得孩子的敬重和爱戴。

9. 放低姿态，把倾听
当成一种愉悦

情景再现

晨晨今年 12 岁，是一名小学三年级的学生，上课老是调皮捣蛋，老师和同学都很头疼。晨晨的父母更是头疼。他们对晨晨总是各种训导，可是晨晨依旧我行我素。

有一天，晨晨的妈妈在收拾晨晨书桌的时候，发现了他夹在书里的纸条，纸条上写着："爸爸妈妈从来都不听我说话，不了解我心里想什么，不关心我。"晨晨妈妈突然意识到，孩子调皮捣蛋可能只是想引起父母的注意和关心。

于是，等晨晨放学后，妈妈专门找他谈话。

妈妈 "晨晨，来跟妈妈聊会儿天，好吗？"

晨晨 "你又要训我了吗？"

妈妈 "不是，这次，你说，我听。"

晨晨

"真的？"

妈妈

"真的。"

晨晨

"可是，说什么呢？"

妈妈

"那就说说你为什么在学校里调皮捣蛋的事情吧，还有为什么会这么做呢？"

晨晨便很认真地对妈妈说起了自己在学校里如何调皮捣蛋，还有为什么要如此。

妈妈便问晨晨：

妈妈

"如果我们以后都能认真地听你说话、关心你，你是不是就不再调皮捣蛋了？"

晨晨点了点头。

心理解析

对于那些不听话的孩子，只有放下姿态，倾听他们说话，父母才可能真正了解其不听话背后的想法。

其实，每个孩子都有希望父母关注和倾听自己说话的渴求。作为父母，对于孩子的这种渴求应当尽力去满足，并且在倾听孩子说话的同时，给予孩子平等和尊重，这样能使孩子感受到你是在乎和关心爱护他的，这对于发展孩子的语言能力至关重要。

在现实生活中，当遇到孩子不听话的时候，大多数父母都只会摇头、吐苦水："孩子内心究竟是怎么想的？""他怎么什么都不肯告诉我？"然后抱怨孩子不懂事。

实际上，要想打开孩子的心门，探究他的内心世界，父母能做的就是放下自己的姿态来倾听。

耐心倾听孩子的诉说，让孩子体会到关爱和温馨，这样才能使孩子与父母更加亲近。许多父母虽与孩子朝夕相处，却不曾真正了解孩子的想法。如果父母不了解孩子的想法，那就很难应对孩子不听话的行为。

话术建议

如何放低姿态，让孩子愿意将自己的心里话说给你听呢？

1. 当孩子叙述一件事情时，父母应该安静、专心地倾听，不要给予评判。父母可以不接受孩子的某些想法和行为，但是必须要尊重孩子的感受。

2. 当孩子和我们讲话的时候，即使我们正在忙着做事情，也要将目光转向孩子，保持彼此目光的接触，并仔细地倾听，同时还要不断点头说"嗯……""是的……"等来显示对他的注意。

3. 仅仅是倾听和理解还不够，父母要对孩子所说的话做出相应的回应，主动表达出自己的意思。

Part 5

与孩子沟通，
要懂点心理学

1. 喜欢唱反调，
是因为渴望独立

情景再现

　　青青正处在青春叛逆期，什么事情都爱自作主张，也不听妈妈的劝告，妈妈说她几句她就不高兴。

　　一天，青青又要拿着滑板出去。妈妈说道：

妈妈

"青青，滑板太危险，能不玩就别玩了，妈妈担心你受伤。"

青青

"我就要玩，怎么着？不让我玩，我就不上学！"

　　青青说到做到，第二天真的没去上学。

　　妈妈只好"投降"，交出了藏在柜子里的滑板。

　　就这样，青青总是和妈妈对着干，妈妈的话一句也听不进去。比如，妈妈要她穿的衣服她不穿，不让她穿的她偏要穿；妈妈问她的考试成绩，她明明考得挺好，却故意说没及格。

心理解析

　　处于青春期的孩子喜欢与妈妈唱反调已成为一种普遍现象。自从离开襁褓之后，他们的独立意识随着年龄的增长而愈发明显，他们迫切希望摆脱妈妈的监护，摆脱所有规矩的束缚。他们虽然幼稚，却想用自身的行动向妈妈证明"我长大了""我是成年人了"……

　　当他们的这种愿望未能实现或是一些需求未得到满足时，他们就会产生叛逆心理，甚至会采用一些过激的方法或手段来维护自己的主张。

　　在青春期这个年龄阶段的孩子渴望独立、渴望完全自由的心理异常强烈，因此当妈妈的看法或做法与自己不一致时，两代人之间往往会爆发出激烈的冲突，孩子的个性会在冲突中充分显现出来。处于这个时期的孩子，如果妈妈没有正确引导，帮助他们形成健全的人格品质，则可能导致孩子步入歧途，甚至走上犯罪的道路。

　　那么，造成孩子叛逆心理的主要因素有哪些呢？

　　1. 妈妈的过分呵护。一味对孩子全方位地照顾，孩子会觉得不自在，特别是处于青春期的孩子，他们的独立性、批判性迅速发展，促使他们对于任何事情都愿意通过自己的大脑进行分析和判断，而不愿接受固有的观念和条例，特别是来自妈妈的照顾。

　　2. 没有对孩子表现出应有的尊重。有的妈妈喜欢在孩子面前摆权威的架子，对孩子合理的欲望与要求一概不予满足，对孩子的意见和建议一概说不。当孩子的表现不符合自己的期望时，就用言语羞辱孩子，这些行为都会引起孩子的反感和叛逆。

　　3. 两代人之间缺乏有效的沟通。一些妈妈错误地认为自己的话就是圣旨，孩子理所当然应该接受，因此在处理事情时，特别是与孩子相关的一些事情，她们喜欢做了再说，或是做了也不说。殊不知，遇事不跟孩子商量自作主张，容易激化孩子的对立情绪。

话术建议

对于孩子的叛逆心理，妈妈应该这样做：

1. 了解孩子叛逆心理的背后原因。

2. 尊重孩子，不要总说"不"。

3. 不要管得太"多"。

叛逆是孩子成长的必经之路，妈妈应该理解孩子在这一阶段的特殊心理活动，宽容、客观地对待他们表现出的唱反调行为。

2. 为什么孩子总是
说个不停

情景再现

4岁的女儿是一个天性活泼的孩子，整天都有说不完的话。周围的人和亲戚都夸赞女孩讨人喜欢，父亲也感到很高兴。

一天，父亲带着女儿找到了幼儿专家，准备对女儿进行"幼儿发展评价"。可结果却让父亲大吃了一惊，因为女儿的语言能力评价竟然是"一般"。

当时，专家问了孩子一个小问题："你哪一天过生日？"没想到女儿不仅说出了自己的生日，还说到了爸爸的生日、妈妈的生日，接着又描述了生日时收到的礼物和吃蛋糕的场景。她滔滔不绝地说了很多，想到哪说到哪，说自己过生日的时候，家里来了几个小朋友，然后又说收到了一些礼物……

心理解析

孩子说那么多话有两个原因：一是想引起大家的注意和关心，二是有强烈的表现欲。虽然女孩说了很多话，思维跨度很大，但是她欠缺条理性和逻辑性。如果不对此加以纠正和改善，那么等孩子长大以后，也会说话缺乏中心主题、逻辑条理，让人听了抓不住头绪。

这种情况不仅会影响到生活，还会影响到学习，比如：写作文。如果在写作文的时候跑题，那分数自然就会低了。

话术建议

为了帮助孩子改正这个问题，父母应该这样做：

1. 帮孩子厘清说话的条理

对于话比较多，但欠缺条理的孩子，父母应该多加引导，让孩子规范自己的语言表达，避免造成一些不必要的重复。

2. 给多话的孩子找个情绪出口

父母想要改正孩子多话的习惯，就要给孩子找一个情绪的出口。多鼓励孩子有一些自己的兴趣，鼓励他和其他人一起进行活动，让他减少说话和多话的机会。

3. 教孩子懂得沉默的智慧

作为家长，应该教会孩子适时沉默的智慧，要让孩子明白：没有人会喜欢一个整天喋喋不休并且高调张扬的人。要让孩子知道，内敛低调是一种优雅气质的体现，只有懂得聆听他人的人才会更受欢迎。

3. 孩子为什么爱扔玩具

情景再现

宋梅家的孩子 9 个月了，最近开始了一个新游戏——扔玩具，见什么扔什么，而且越扔越开心。

只要东西拿到手上，他就不遗余力地扔出去。

宋梅以为是孩子不小心把玩具掉在地上的，于是就弯腰去把玩具捡起来，但是每次刚把玩具还给孩子，他又会用尽力气扔出去。

这样反反复复好多次，宋梅这才发现原来是孩子在故意扔东西，于是就不再理他了。

可是看到孩子眼泪汪汪地依旧用手指着地上的东西，宋梅只好又一次次地去把玩具捡起来。

心理解析

很多 9 ~ 10 个月的孩子都会出现扔东西的情况，妈妈们总是苦不堪言。其实孩子喜欢扔东西并不是他存心捣乱，而是由这个时期孩子的年龄特点决定的，这是一件好事，因为扔东西代表着孩子长大了，他开始了对世界的探索。

扔东西是孩子学习过程中的必经阶段。在扔东西的过程中，孩子意识到了自己与动作对象之间存在区别，这是自我意识发展的第一步。而孩子在扔东西后，东西总会掉到地上，并且不同的东西会发出不同的声音或者发生不同的改变，这对孩子来说是很新鲜的体验，于是就有了对世界最初的探索。

孩子喜欢扔东西，父母不必烦心，这只是一个很短暂的过程。当孩子学会正确地玩玩具和使用工具后，扔东西的现象会自然消失。但是如果孩子到了2岁左右，仍然喜欢随意扔东西，那么就应该让孩子改掉这个坏毛病了。

另外，孩子总是反复地扔东西也可能是想向大人显示自己的力量，渴望得到大人的表扬。刚出生的时候，孩子的手部动作还不灵活，不能够拿住东西。但是随着个体的发展，他发现自己不仅能够拿东西，还可以把东西扔出去。这让他异常兴奋，认为自己又学会了一项大本领，所以经常非常高兴地进行多次重复，同时也希望引起爸爸妈妈的注意，给予他表扬。

话术建议

1. 为了孩子的健康成长，爸爸妈妈应该充分满足孩子"扔"的欲望，为孩子提供扔东西的环境。

2. 为了防止造成不必要的损失，父母最好把贵重物品或者易碎的东西保管好，放在孩子拿不到的地方，然后可以让孩子玩一些不容易摔坏的玩具，比如铃铛、小球等。

3. 凡事都有一个限度，在孩子扔东西的时候，父母可以制定一些必要的规矩。

4. 为什么孩子
总是说"不"

情景再现

妈妈带着刚满 3 岁的女儿丫丫和她的表哥去踏青。

路上，妈妈说：

妈妈

> "丫丫，让哥哥拉着你的手走，这样不会摔倒。"

丫丫想都没想就很坚决地吐出了一个字：

丫丫

> "不！"

妈妈听了，就继续劝她说：

妈妈

> "哥哥拉着你会很安全的！"

丫丫还是倔强地说：

丫丫

> "就不！我就不！"

于是，妈妈让丫丫表哥主动去牵丫丫的手，这下可把丫丫气坏了，竟然大哭起来，不仅把哥哥的手甩开了，还一屁股坐在地上不走了……

心理解析

在孩子说出"不"的瞬间，妈妈应该意识到自己的孩子长大了。他说出"不"说明他正在形成自我意识，从此开始逐渐独立，不再任何事情都依靠妈妈了。"不"可以说是孩子向妈妈发出的独立宣言。

对孩子独立要求的否定，会延缓孩子自我意识的形成。如果妈妈不顾孩子的想法，总是用命令的态度来对待孩子，这会让孩子感到耻辱，还会磨灭他想独立完成某一件事情的意识。

话术建议

孩子拨开你的手要自己吃饭，却打翻了碗。

"不让你自己吃非要自己吃，看吧，闯祸了吧？"（×）

这样说更好：

"没关系，我们宝宝已经会自己吃饭了呢！"并帮忙重新准备一副碗筷。（√）（给予肯定）

一直不睡觉，把他抱到床上也大喊："我不睡觉！"

"不睡觉你想干什么？再不睡觉你今天就别睡了！"（×）

这样说更好：

"不是让你立刻睡觉，抱你到床上是因为妈妈想给你讲故事听。"（√）（用正面安抚代替威胁恐吓）

其实父母如果意识到孩子的反抗是长大的体现，每天都为孩子的成长而感到高兴，这样不论抚养的过程多么艰难，父母也不会感到累，反而会体验到看着孩子成长的乐趣。

5. "人来疯"宝宝 心里在想啥

情景再现

"小麻雀"是王爸爸送给女儿的昵称，这个孩子从小就活泼好动，今年已经 4 岁了，虽然依然是个小淘气，但是有时也会坐下来安安静静地玩玩具或看看书。

爸爸经常觉得女儿长大了，开始懂事了，非常开心。

可是，每次带女儿去亲戚家，或者家里来了客人的时候，小家伙就会马上恢复"小麻雀"的本性，变得特别兴奋，大喊大叫。

一会儿打开电视，把音量放到最大；一会儿模仿动物的叫声；一会儿又把洋娃娃抱出来，在客人面前玩过家家……

如果爸爸妈妈制止她这种行为，她反而闹得更厉害。

心理解析

相信很多家长都遇到过这种尴尬的场面，甚至平时乖巧、礼貌的孩子也不例外。"人来疯"现象可能是家长的过度溺爱或者严厉的管束造成的。

现在的孩子大多数都被过度重视，无限度地满足孩子的一切要求，导致孩子"以自我为中心"的意识特别强。但是，当家里来了客人或者到别人家里做客时，父母关注的焦点转移到他人身上，孩子的心理落差就会很大，所以要通过任性、不听话等方法来引起父母、客人的关注。

话术建议

那么，面对孩子的"人来疯"，父母应该怎么做呢？

1. 父母应该改善家庭教育方法，平时多给孩子机会与外界接触，多与人交往，以减少看见客人时的新鲜感。

2. 当孩子发生"人来疯"的行为时，家长不要急于改变这种情况，家长应该试着和孩子玩在一起，等孩子消除了戒备心之后，再有针对性地慢慢沟通和解决问题，而不要只是一味地要求孩子改正。

3. 家长在批评孩子的时候，要注意方法。如果孩子还小，家长应该抓住时机及时教育，让他清楚自己错在什么地方。如果孩子比较大了，不要当着客人的面批评他，因为会让他觉得很难为情。

6. 孩子为什么离不开
他的旧枕头

情景再现

2 岁的小哲有一个蓝色的枕头，这个枕头从小哲一出生就陪伴着她。小哲非常喜欢这个枕头，去奶奶家过夜也要抱着自己的旧枕头。

现在这个枕头的枕套已经破旧了，而且看上去很脏，妈妈就自作主张换了一个新枕套。

不料小哲发现之后大哭大闹，一定要原来的那个枕套。

妈妈没有办法，只好把那个旧枕套补了一下还给了小哲。

心理解析

孩子依恋枕头或者布娃娃的行为是一种典型的儿童恋物现象，父母不必害怕，因为这绝对不是个别现象，很多小孩子都会出现这样的恋物现象。幼儿时期的孩子会通过各种感官体验来满足探索世界的需求或者安抚自己的情绪。这些物品被称作"过渡期对象"，它们能给孩子带来心理安慰。

此时的孩子正处在离开妈妈、获得精神独立前的过渡状态，如果孩子想要离开妈妈、获得独立，就必须找到能暂时代替妈妈的东西，而这些东西就是孩子眼中的"无价之宝"，是任何东西都取代不了的。

话术建议

如果孩子长大之后依然有恋物行为并且还出现了性格孤僻、不善交际和忧郁敏感的情况，这就要引起爸爸妈妈的注意了。

这时候父母要去请教专业的医生，并且要为孩子准备"迁移载体"，使孩子无法对依恋物"专情"。

但最重要的是加大对孩子的感情投入，增加与孩子的接触和互动，让孩子形成安全感。修补好出现问题的亲子关系才是解决孩子病态恋物癖的根本。

如果孩子只是单纯地依恋某件物品，并没有出现性格上的缺陷，那么父母其实也没有必要紧张，那可能只是孩子形成了一种习惯而已，并不是心理问题。

7. 为什么孩子犯了错
总是狡辩

情景再现

田女士是一个讲民主、尊重孩子的妈妈，一般不会强迫女儿做什么事情，女儿也因此思维活跃、能言善辩，不过现在田女士却面临着一个困惑：女儿越来越喜欢狡辩，无论做什么事总有自己的理由，不愿意听取父母的建议。

孩子见到田女士的好朋友从来不叫阿姨，田女士告诉她这样不礼貌之后，她还是不叫，总是找出各种理由。

"我不喜欢叫""我不喜欢这个阿姨""我当时想睡觉"……

心理解析

在一个民主自由、喜欢讲道理的家庭中，孩子比较容易养成能言善辩、自作主张的行为习惯，相应地，也容易变得不愿意听别人意见，喜欢一意孤行。

好的教育应该让孩子既有主见，又能听取别人的合理意见，并对自己的行为做出调整。这样的孩子对自己和他人的意见具有较强的分辨能力，不至于演变成顽固地坚持自己想法的人。

12 岁以下的孩子，他们的心理发展特点是以形象思维为主，还很难理解许多抽象的名词概念，因此这时候对孩子的教育最好不要用讲大道理的方式进行。比如当孩子不喜欢叫阿姨的时候，不必讲很多不叫阿姨是错误的大道理，只要培养孩子礼貌待人的行为习惯就好。

话术建议

"你小孩子懂什么？"（×）

这样说更好：

"宝宝长大了，已经开始有自己的想法了，妈妈真为你高兴。"（√）（鼓励孩子说出心里的想法）

"你还挺有主意！""你这小嘴还挺能说！"（×）

这样说更好：

"你有主意是好事，不过不可以任性。"（√）（不对孩子的狡辩有欣赏的语气）

家长应该与时俱进，转变观念，和孩子一起成长。时代进步了，不能把自己看不惯的事物统统看作不好的。要对孩子进行正确的引导，学习与孩子沟通的技巧，建立良好的关系。

8. "为什么"没有错，回答有技巧

情景再现

"为什么有的豆子是青色的，有的却是黄色的？"

"为什么妈妈穿裙子，爸爸从来不穿？"

"天为什么是蓝的？"

"月亮为什么不会掉下来？"

"我们为什么会有五根手指？"

"我是怎么来的？"

……

心理解析

孩子总是有着无比强烈的好奇心，他们从不管自己问的问题是不是可笑，也不会去想爸爸妈妈能不能回答自己的这些问题。尤其是当孩子到了快要入学的年纪时，他们更会变成"十万个为什么"。

如果妈妈对孩子的问题能够认真充分地解答，孩子会感到被尊重，好奇心也得到发展。所以，妈妈应该保护好孩子的好奇心，认真回答孩子的每个问题。如果当时实在没有时间和精力去解决孩子的问题，也要记住在自己空闲的时候，给孩子解答。有时候，孩子问的问题可能自己也解决不了，或者给孩子解释不清，那么应该告诉他，这些是自己不能解答的，或者告诉孩子等到他长到一定的年龄，才能听懂这些东西。

不要因为怕丢自己的面子，怕在孩子面前没有权威，随便编个答案告诉他。这对孩子没有任何好处。在他没有知道事情真相之前，会把你的答案当作真理，告诉别的小朋友。这样，带给他的很可能是嘲笑和讥讽，而在他知道真相之后，就不再相信你了。

话术建议

"你是爸爸妈妈捡来的。"（×）

这样说更好：
"你是从妈妈的肚子里生出来的。"（√）（不逃避，坦然作答）

"这是我的手机，我愿意怎么玩就怎么玩，你还管起我来了？"（×）

这样说更好：
"我确实一玩起手机就忘记了时间，下次你看到了也可以及时提醒我。"（√）（不蛮横，积极改变）

9. 孩子任性其实是
一种心理需求

情景再现

4 岁的明明看到邻居小弟弟的电动小汽车与自己的不太一样，他急于探究这种区别存在的原因，于是明明在夜里无休止地哭闹着，任性地坚持要妈妈给自己买一辆一模一样的小车。

一个 3 岁的孩子正兴高采烈地玩气球，妈妈不小心给碰破了，孩子顿足大哭，怎么哄都哭闹不止。

心理解析

生活中，经常见到一些孩子特别任性，为达到某种目的哭闹不止，把家长搞得精疲力竭。人们往往把这种任性归咎于家长对孩子的娇惯，其实这种结论过于简单和武断。

随着孩子的成长发育，他们越来越多地接触新鲜的事物，这些事物带给孩子很多意想不到的困惑，为了解开自己心头的疑问，孩子总希望通过自己的方式来解决问题。如果明明哭闹的时候，妈妈能够问清原因并理解他的这种心理需求，及时表扬明明爱动脑筋，再讲清楚当时的情形下为什么无法满足他的要求，大概孩子就不会哭闹了。

另外，3岁的孩子正兴高采烈玩气球，被妈妈不小心给碰破了，孩子便哭闹不止。妈妈会认为孩子任性，无理取闹。

如果妈妈当时可以从孩子心理的角度去分析，便会明白这是因为孩子已经把这个气球拟人化，把它当作自己的玩伴，气球破了，"玩伴死了"，自然会使他伤心欲绝。婴幼儿的这种心理得不到理解和安抚时，无奈中只得以哭闹来抗议。

话术建议

"没事？没事为什么一脸的不高兴？"（×）

这样说更好：

"下课时，你一般和谁玩？""今天中午又吃了什么好吃的呀？"（√）（积极引导，转移视线）

"天天毛手毛脚的，放个碗都放不好！"（×）

这样说更好：

"没关系，我想这个碗一定是累了，想到地上休息一下。"（√）（避免尖酸刻薄）

面对任性哭闹的小儿，对其进行严厉的批评毫无意义，父母应该把重点放在分辨孩子的哭闹原因上，再想些帮助他的办法。否则，孩子的任性就会越来越严重，这实质上是一种与家长对抗的逆反心理，多因家长初始没有理解和重视他们的心理需求所致。所以，家长应该多了解孩子的心理，从而理解和接受孩子的心理需求。

Part 6
用好身体语言比说好口头语言更重要

1. 和孩子闲谈家常、诉说心事

情景再现

随着双职工父母的增多，大多数孩子都习惯了"在家孤独""宅孩"的感受和生活。大部分家长认为：只要给孩子吃好的、穿好的、用好的，孩子就会觉得很幸福。他们还认为，只要孩子能够坐在明亮的教室里接受高等教育，那就是幸福……

其实不然，一位职场父亲在总结育儿经验的时候，说了这样一番话：职场父母一定要多挤点时间陪陪孩子！你可以把孩子交给保姆，交给老人，但是保姆和老人能代替父亲吗？当然不能！

因此，职场父母不要以忙为借口把孩子推给保姆、老人，而要多和孩子聊天，多沟通。

心理解析

让孩子感到幸福，父母绝不仅仅是提供物质上的满足，而是在提供物质满足的同时要与孩子在精神上有很好的沟通。只有这样，孩子们才想说出自己内心的感受，想和父母共同探讨，并且寻求父母的建议和答案。

不过，在沟通中，如果不能掌握一定的技巧，沟通也起不到什么作用。

　　在生活中，大多数父母都会遇到类似的情形：有时，父母拖着疲惫的身体，努力地打起精神，想要和孩子好好沟通，但孩子要么没什么话说，要么就用"代沟""没什么"之类的话语打消父母想要交谈的念头。有的时候，还因为无法正常沟通，让自己生了一肚子气。慢慢地，父母越来越不了解孩子，越来越不知道该如何教育孩子。

话术建议

"下次小强再随便弄坏你的东西你就告诉老师，我很忙，别跟我说这些！"（×）

这样说更好：

"小强这么做是不对的，辛苦做好的东西被他弄坏了，你肯定气坏了吧！"（√）（关注感受）

"没看见我在忙吗？有什么事等会儿再说！"（×）

这样说更好：

"我知道你现在特别希望我能陪你玩，你愿意等妈妈把手上工作处理完吗？我保证半个小时就好。"（√）（积极回应）

2. 每天有和孩子
"单独在一起说话" 的时间

情景再现

读初中一年级的浩浩对老师说："我很害怕放假。"老师很奇怪，因为孩子们总是盼望假期快一点儿到来。

在老师的追问下，他说："放假在家里，父母都上班了，只有我一个人在家，我很孤独也很害怕，没有人和我说话，爸爸妈妈也不理我，他们回到家里只会问：'作业写完了吗？''这一天你都干什么了？'他们从不知道我在想什么，也不和我聊天。晚上睡觉我从不拉上窗帘，因为我要和星星、月亮说话。我很想上学，因为学校里有同学，和同学在一起我感到很开心。"

心理解析

每天抽出一定的时间陪陪孩子，就是与孩子进行精神交流的最好渠道。科学研究证明，最有威信的妈妈就是那些每天能安排一些时间和孩子说话的妈妈。

上班族妈妈们常常在跟时间赛跑，有时回到家，孩子已经睡觉了，然而，聪明的妈妈仍能挤出时间陪陪孩子，和孩子聊聊天，分享他的心情、心事。即使能陪伴孩子的时间很短，但只要注重质量，仍然能让孩子感受到你对他的关心，建立良好的亲子关系。而当孩子得到妈妈的爱与关怀的时候，孩子的稳定情绪与自信心就会持续成长。

话术建议

> "作业做完了吗？""今天都干什么了？"（×）
>
> **这样说更好：**
>
> "自己在家会无聊吗？妈妈今天不是很忙，我们可以一起玩游戏哦。"（√）（关心情绪）

> "别总来烦我，你自己想干什么就去干什么！"（×）
>
> **这样说更好：**
>
> "你想做什么可以自己做主哦，有需要帮助的时候再来找妈妈吧，妈妈很愿意帮助你。"（√）（委婉表达）

谁也取代不了妈妈在孩子心目中的地位，你一定要多挤点时间陪陪孩子，因为孩子需要和妈妈"单独在一起说话"的时间，他需要从和你的交谈中知道你对他的爱，从而获得安全感和幸福感。

非暴力沟通话术练习

当你正忙着工作，孩子却吵着让你陪她玩游戏，你通常会怎么说？

1. 对孩子的要求做出积极回应。

2. 委婉拒绝孩子的要求。

3. 关注孩子的感受，安抚孩子的情绪。

3. 和孩子开展
平等的对话

情景再现

赵丽丽是一名小学三年级的学生，很喜欢跳舞，可是她的妈妈总觉得跳舞太耽误学习，不让她去。

有一天，赵丽丽想了很久，决定跟妈妈订一个约定，那就是如果她努力学习，成绩一直能保持在班级前五名，妈妈就得答应她学跳舞。晚上，等妈妈下班后，赵丽丽很高兴地走进了妈妈的房间。

赵丽丽
"妈妈，我想跟你签个合同。"

妈妈
"小孩子家的，知道什么是合同吗？好了，别胡闹了，去看书去吧。"

赵丽丽
"可是，妈妈……"

妈妈
"好了，哪里来的这莫名其妙的想法。学习去吧。"

赵丽丽沮丧地离开了妈妈的房间。

心理解析

就这样，赵丽丽的妈妈失去了一次与孩子交流的机会。

家长要放下自己的权威，允许孩子自由地表达自己的想法，尤其是在关于孩子未来发展这种事情上。父母爱孩子，总是替孩子考虑和安排，却很少去考虑孩子的想法和感受，只要父母觉得好的，孩子就必须接受。其实，这对孩子非常不公平，而且也影响亲子关系，很多青春期的孩子和父母的矛盾冲突激化也是源于此。

这种矛盾其实并不难化解，那就是和孩子展开平等的对话，听听孩子的想法，考虑一下孩子的感受。只有父母平等地对待孩子，和孩子交流，放下家长的架子，孩子才会更多地感受到父母温暖的爱。

话术建议

作为家长应该主动理解孩子，相信孩子，做孩子的知心朋友。如果将自己放在高高在上的位置，那么在和孩子的交流中很容易让孩子产生距离感，甚至逆反心理，不利于家庭教育。那怎样做到与孩子进行平等的对话呢？

首先，要意识到孩子是一个独立的个体，不是父母的附属品，这是与孩子进行平等对话的前提。可是，在不少父母的潜意识里，都有这种想法，即孩子是自己的骨肉，把孩子养育大，就可以把孩子当成自己的私有财产，自己也当然有权利处置安排他们的人生。

其次，在与孩子的交流过程中，要认真地去考虑孩子的想法，不要总觉得他是个孩子，什么都不懂。这也是中国家长最常犯的一个错误。

最后，也是最重要的一点，父母应该与孩子站在一个平等的地位上，给予孩子一个平等交流的平台。爱，只有在平等的时候才会给人最温暖的感动，不平等的爱有时候带给人的压抑要比温暖更多。

4. 微笑是最甜蜜的礼物

情景再现

孩子突然将鱼缸打碎了，父亲飞奔过去，看见孩子正在洒满水的地上聚精会神地抓鱼时，父亲很生气，一把抓起孩子。孩子被父亲突然的举动吓到了，睁大眼睛诧异地看着父亲。

这时母亲急忙抱过孩子，然后笑着对孩子说了一句话："孩子别怕。"就是这一句，孩子诧异的眼神没有了，喘了一口气委屈地告诉妈妈："妈妈，我只是想看看鱼的脚长在哪儿。"

心理解析

这个例子告诉我们，请微笑面对孩子，一定要给孩子时间和机会去说话，不要破坏孩子的注意力。孩子打碎鱼缸，的确做了错事，但是犯错的背后是出于对生命的探索好奇，可能就是你对孩子的误解扼杀了孩子探索的动力。微笑是妈妈给孩子最甜蜜的礼物，妈妈要学会用微笑和孩子说话。这种和谐、愉悦的家庭氛围，不仅能给全家带来快乐，更加有利于孩子的身心健康与成长。

妈妈的微笑、平和的心态是培养孩子阳光般性格和心灵的重要保障。孩子是妈妈的一面镜子，言传身教自然意义重大。0~3岁的婴儿，可能由于妈妈的微笑而奠定开朗乐观的性格，并从小养成一种良好的习惯；3~6 岁的幼儿，可能因为妈妈的微笑而懂得珍惜生活、关爱他人；入学后的孩子，更会因获得妈妈的微笑而快乐、坚强、自信，一步步地带着微笑走出精彩，走向成功。

父母的微笑有种神奇的力量，它能够带给孩子力量与信心，它传达着一份信任与理解，蕴含着一种真诚与关爱，代表了一份支持与赞许。父母无言的微笑胜过千万句语言。孩子在父母的微笑中感受到生活的阳光，在耳濡目染中学会了微笑面对现实，将来无论遇到任何情况，都能平和地直面生活。

话术建议

> "你怎么总是笨手笨脚的？花瓶都能打碎！"（×）

这样说更好：

> "宝贝别怕，没事，妈妈不怪你。"摸摸她的头并给予一个微笑。（√）（默默安慰）

> "怎么回事？不让你跑非得跑，摔倒了吧？活该！"（×）

这样说更好：

> "看你，摔疼了吧？下次小心一点，好吗？"用眼神鼓励。（√）（用鼓励代替责罚）

5. 训斥应该避开众人，
在私下里进行

情景再现

刘洋 12 岁，性格内向，不太爱说话，学习成绩在班里中等。

有一次，刘洋的妈妈到学校开家长会，老师告诉她，刘洋的成绩最近有些退步。结果还没等老师说完，刘洋的妈妈就大声呵斥起了刘洋："怎么成绩又退步了，不是回到家一直在看书吗？你怎么就这么笨呢？你说我养你有什么用？"

刘洋的同学窃窃私语，刘洋拉了一下妈妈的衣服。

"怎么，还怕人说呀，怕人说你就好好学呀。"刘洋的妈妈还是一个劲地说着，结果刘洋没等妈妈说完，就跑出去了。

从那以后，刘洋变得更加内向，更加不愿意和同学交流，总觉得同学都瞧不起他，学习成绩也是一落千丈。最糟糕的是，从那以后，刘洋开始对妈妈充满了怨恨。

心理解析

很多家长很少注意照顾孩子的自尊心，相反，还有一些家长认为，在大庭广众之下教训孩子，可以让孩子加深印象，这样可以避免以后重犯类似的错误。

实际上，当众教育孩子会使亲子之间的矛盾公开，最为重要的一点，这会给孩子的心灵带来极大的伤害。科学调查显示，那些经常在大庭广众之下被父母训斥的孩子，长大以后比其他孩子更容易产生自卑心理，也更容易走上犯罪的道路。

我们都希望别人认可和欣赏自己，这是人的本性，孩子也一样。对于那些自尊心强的孩子而言，父母当众训斥自己，简直是一种莫大的侮辱，难以接受。

话术建议

如果有一天，你的孩子当着很多人的面，做出让你很没面子的事情，那么你该如何应对呢？

我们应该掌握一些这方面的小技巧。

1. 保持冷静

当孩子的举动不合时宜的时候，家长要保持冷静确实是一件很难做到的事情，但是我们要记住，孩子这么做并不是在故意使坏，他们年龄尚小，有时并不了解自己的这些行为将会带来什么样的后果。如果我们忍不住脾气，对孩子来说是很无辜的。

2. 忽略旁人的眼光

千万不要把孩子的举动当成是没有家教的表现，适当的时候应该忽略旁观者的注目，只管理好自己的情绪，管理好孩子就可以了，不必过分看重旁观者。

3. 了解"反向规则"

反思孩子为什么这么做。

非暴力沟通话术练习

当你的孩子穿着一双成人的鞋子走来走去时，当他站在糖果柜台前大吵大闹，甚至打滚的时候，家长需要往好的方面想：

1. 小孩子只会对亲近的人发脾气，他觉得这些人会给他带来安全感。

2. 孩子能够任性，说明他们有自己的想法、自主性和自我意识，这难道不正是家长所希望孩子拥有的吗？

6. 饶有兴味地倾听
孩子的喜怒哀乐

情景再现

有个男孩今年上初中，是一位超级球迷，虽然学业比较繁重，可是每次有足球比赛都要彻夜不眠地看。

于是母亲给儿子写了一段话：

母亲

> 你是一个铁杆球迷，为了看球，甚至可以不吃饭、不睡觉。说实话，我原本无法理解，对我来说，足球只是一堆人争夺一个球的无聊游戏。
>
> 可有一天，一个念头突然冒出来：能够让你如此如痴如醉的足球到底为何吸引你呢？我怎样才能够体会你在看足球时的快乐呢？有机会一定要尝试一下。

对此，儿子在自己的日记中也有所记载：

儿子

> 奇迹果然出现了！不但是塞内加尔的奇迹，也是我妈妈的奇迹——她竟然从此迷上了足球，准时看球赛，关心贝克汉姆，询问罗纳尔多。当我们同时情不自禁地站起来给中国队加油的时候，我感到我们的心灵第一次如此相通。我心里只想说："能跟妈妈分享我的快乐，我真高兴！"

心理解析

我们都希望有人分享自己的欢乐与悲伤，孩子更是如此。我们都希望在讲述自己的喜怒哀乐时，能得到他人积极的回应，孩子也是如此。

可是，有多少父母在孩子向他们诉说自己的喜怒哀乐的时候，做到了饶有趣味地倾听呢？很多父母，在孩子滔滔不绝地讲述着令自己高兴的事情时，打断孩子的话，或者只是简单地敷衍几句。

久而久之，孩子肯定不愿意再和父母分享自己的情绪。因为这种打断和敷衍会给孩子一种感觉，那就是：父母不关心自己。

孩子说话时，无论家长有多忙，一定要眼睛看着孩子，不要随意插嘴，尽量表现出听得很有兴趣的样子。

话术建议

欣赏孩子，和其他人际关系中的欣赏是一样的，也是一门交际艺术。用什么样的方法对待孩子才会使他们感到舒服呢？这里其实有一些技巧，需要我们掌握。

1. 孩子需要得到全方位的欣赏

如果说，我们对孩子的爱是全方位的，那么我们对孩子的表扬也应该面面俱到才行。孩子任何有益的言行，父母要能在第一时间认可。

2. 欣赏孩子要用非语言因素

我们表扬孩子，语言是最常用的方法，但并不是唯一的，表情、姿态等也能够起到欣赏的作用，而且还会使孩子感到更加亲切。和孩子交流的时候，要尽量使用亲切的眼神注视孩子，表示自己在专心倾听，让孩子体会到别人对他的尊重和支持。

3. 表扬的话语不要扯上批评的尾巴

这世界上没有不存在缺点的孩子，所以作为家长，要包容孩子的缺点，不能在欣赏孩子的时候，总是捎带着一个批评的尾巴。比如说，有的父母刚刚称赞完孩子的语文水平提高，接着就说他的数学成绩太差。这种把表扬和批评混淆在一起的方法，不但不能起到激励的效果，甚至会让孩子失望。

7. "蹲下来"和孩子说话

情景再现

在一个圣诞节的晚上，一位年轻的妈妈带着5岁的女儿去参加圣诞晚会。热闹的场面，丰盛的美食，还有圣诞老人的礼物……妈妈兴高采烈地和朋友们打着招呼，不断领女儿到晚会的各个地方，她以为女儿会很开心。但女儿几乎哭了起来，妈妈开始还是很有耐心地哄着，但多次之后，女儿坐到地上，鞋子也甩掉了。

妈妈气愤地把女儿从地上拖起来，训斥之后，蹲下来给孩子穿鞋子。在她"蹲下来"的那一刹那，她惊呆了：她的眼前晃动着的全是大人的屁股和大腿，而不是自己刚才所看到的笑脸、美食和鲜花。她明白了女儿为什么会不高兴，她"蹲下来"的高度正是女儿的身高。

这一次，她知道了，只有"蹲下来"和孩子一样高，妈妈才能理解孩子的感受，妈妈才能真正和孩子沟通。

心理解析

众所周知，只有两头高度差不多，水才有可能在中间的管道里来回流动，如果一头高，一头低，水就只能往一个方向流。孩子与妈妈的交流也是相同的道理。如果妈妈总是站着面对孩子，妈妈与孩子的距离就不仅是身高上的几十厘米，而是一代人与一代人之间的距离，是一颗心与一颗心之间不能沟通的距离。所以，"蹲下来"和孩子说话，妈妈与孩子才有可能平等地交流。

"蹲下来"，不只是指在生理的高度上尽量地和孩子保持相同的高度，而更重要的是指在心理上的高度要平等，是以平等的态度和眼光，用认真而亲切的态度，把孩子看成一个需要尊重的独立的人。因为只有在心理上妈妈不再居高临下，与孩子完全处于平等时，孩子才会把他的真实想法告诉你。这就是孩子为什么喜欢把心里话对自己的朋友说，却不愿与妈妈说的原因。

无论孩子的想法多么幼稚，也无论听起来多么没有道理，妈妈也要学会耐心倾听，让孩子尽情倾诉。妈妈还应该学会多问一些为什么，比如孩子为什么会产生这样那样的想法，孩子为什么会认为自己的想法有道理，孩子为什么不赞同妈妈的看法，等等。

话术建议

"去去去！别烦我！"一边说一边用嫌弃讨厌的眼神看着孩子。（×）

这样说更好：

"怎么了宝宝，你是有什么心事吗？"蹲下来抱住他。（√）
（改变语气，与孩子平视）

"过来！""别碰！"（×）

只要"蹲下来"了，妈妈与孩子之间的沟通和交流才会越来越多，越来越通畅。也只有这样，妈妈对孩子的教育才会越来越容易，妈妈同孩子之间的紧张关系才会得到改善，家庭才会和睦。

8. 身教重于言教，
因为形象重于声音

情景再现

妈妈
> "你怎么把邻居家的娃娃拿回来了？别人的东西不能拿。"

孩子
> "可是他又没有看见。"

妈妈
> "没有看见就更不应该了，那就是小偷了！"

妈妈说着就赶紧把娃娃送回去了。

孩子低着头，嘀咕着：

孩子
> "可是妈妈还拿人家的梨呢。"

原来，妈妈带孩子去买水果，趁卖主未看见，拿了几个梨放在自己提兜里，孩子看到了这一切。

心理解析

孩子是站在妈妈的肩膀上的，妈妈有多高，孩子才能有多高。妈妈对于孩子具有天生的权威性，同时又是最亲近的人，她的所作所为容易被孩子认为是自然合理的；并且，孩子由于知识经验贫乏，辨别是非能力差，对妈妈的言行会不加选择地模仿。

因此，妈妈对孩子的心理发展具有潜移默化的影响作用。例如，他们不仅模仿妈妈的动作，而且模仿感情的控制和观点，就连发脾气的方式、样子也像他的妈妈。妈妈长期和孩子在一起，怎样为人处世，孩子都会记在心上。

很多人都知道，身教胜于言教，但身教为何重于言教呢？这是因为对孩子来说，榜样的形象重于声音。尤其是对于人生刚开始的孩子，可以说只有身教，没有言教，妈妈的形象便是最好的教材。孩子这个时候需要的是具体的榜样形象，而不是声音，因为孩子这个时候还不懂得声音的意思，却懂得妈妈的行动对他的直接影响。

话术建议

"你不能随便拿别人的东西！"自己却偷偷顺走两个梨。(×)

这样说更好：

"如果下次妈妈再做这种事情你要及时告诉妈妈哦，妈妈会改正这个缺点的。"(√)（主动先改正）

"这么小的孩子怎么能随口骂人呢？这么小就不学好。"自己却出口成脏。(×)

这样说更好:

"我们来比赛，看谁能先改掉这个小毛病。"（√）（寻找有趣的方法）

　　妈妈不能总是以命令的口气让孩子干这干那，自己做不到的，就不要勉强孩子去做，否则便会失去威信，自然无法得到孩子的尊重。

9. 不要总表现出
对孩子的不满意

情景再现

有一次，几十个中国孩子与外国孩子一起进行某项测验，并且把自己的分数拿回家给父母看，结果中国的父母看了孩子的成绩之后，有 80% 表示"不满意"，外国父母则有 80% 表示"很满意"。而实际上，外国孩子的成绩不如中国孩子的成绩好。

心理解析

中国的父母总是习惯用挑剔的眼光来看待孩子，也用一样的眼光来看待周围的世界，而外国的父母则习惯用欣赏的眼光看待自己、孩子和世界。其实，大多数中国父母的这种不满意，并不是真的对孩子自身不满意，而是和别人家的孩子对比得出来的不满意。而这种对比很容易导致中国父母在教育孩子时常以别人为标杆。

人家的孩子去学钢琴，自己的孩子也一定要学；人家的孩子考上了北大，自己的孩子也一定要朝着这个目标努力才行……一些学生与父母产生矛盾，就是因为父母总是和别人比较。"别人是别人，我是我，为什么我不能按照自己的情况来设计人生呢？"

父母对孩子总表现出不满意的另一个重要原因是，很多父母望子成龙的心太过迫切，似乎容忍不了孩子暂时的落后与普通的成绩，往往把自己急躁的心情压在孩子身上，但是这样的做法常常会适得其反。

每个父母都希望自己的孩子成龙成凤，可是，仔细看看周围，哪个成龙成凤的孩子是在父母的不满意声中成长起来的呢？孩子需要得到父母的肯定和鼓励，一个在父母不满意声中长大的孩子，只会越来越让父母失望。

话术建议

父母与孩子沟通的小技巧：

1. 不要想当然地为孩子规划人生。

2. 不要给孩子施加压力。

3. 试着每天夸奖孩子一个优点。

身为父母应该学会多想想孩子的优点，感谢孩子给你的生活带来了幸福和快乐，不要总是想着孩子这也不好那也不好。如果总是抱怨，生活还有什么乐趣呢？调整好自己的心态，少责骂批评孩子，多给予他赏识与鼓励，他才会有信心继续向前走。

Part 7
日常生活、习惯等的话术

1. 追星追到忘我
——粉丝也疯狂

情景再现

某市有一位 16 岁的少女自杀了。

她在日记中写道："看着他我不知道哭过多少次。我喜欢他，不是因为他长得帅，而是因为他那种与众不同的性格。他的一举一动、一喜一悲都令我心动。"

"在我的世界里只存在张国荣，我只为他而活。"

这位少女 1.7 米的身高、甜甜的笑容，让人过目难忘。她曾是父母的好孩子，老师的好学生。不但学习成绩优秀，在学校的演讲比赛中多次获奖，还喜欢弹奏电子琴。

但就是这位少女，却丝毫容不下母亲对自己偶像的批评，甚至不惜以自己如花的生命为偶像殉葬。

心理解析

青少年阶段对明星的崇拜是一种自然、普遍的成长现象。应把青少年崇拜偶像的行为放到他们生活和成长的具体环境和整体背景中进行分析。从现行的中国教育体制上看，激烈的升学竞争、就业压力，给学生施加了很大的精神压力。在这种教育环境下，青少年寻找快乐的本性就在有限的自由时间里投向了"明星"和"偶像"创造的娱乐天地，从中得到暂时的安慰。

在这个时期，孩子把偶像看得完美无缺，认为偶像的所作所为都是对的，并把他们当作生活中的楷模。

这个时候，父母的态度无疑起到了至关重要的作用。某些明星不仅外表出众，而且有着执着、勤奋等良好的品质。如果家长能够正确引导，及时帮助孩子完成注意力转移，让追星的孩子理性地看待明星，学习他们不懈努力的拼搏精神，就能使孩子把追星当成一种前进的动力，起到积极的作用；相反，如果家长粗暴地阻止或者盲目地纵容孩子追星，就有可能使其偏离正常的轨道。

家长在教育孩子时，一定要将孩子追星的行为控制在一定范围内，千万不能让这种虚幻的情感干扰他们的学习生活，更不能去干扰偶像的生活。要做到这一点，家长在平时还必须注意培养孩子区分虚幻与真实的能力。

如果一心想将虚幻的感情变成现实，则会如上述事例中的女孩一样危险。这是追星一族必须引以为戒的。表面狂热的追星行为只是自身情感的表达，和偶像的关系并不大。或者说，偶像只是起到了一个很好的情感载体的作用。家长完全不必紧张，但也要对孩子进行引导，帮助孩子学会认清自己感情的本质，把追星行为控制在一定的范围内，这样她才会追得快乐，追得健康。

话术建议

过度的迷恋追星，显然已经成了孩子们刻苦学习和健康成长的巨大障碍。对此，作为父母应怎样对待呢？

1. 正确看待孩子追星

孩子崇拜偶像，是个体成长中的必然现象，要求青少年拒绝偶像是不现实的。大多数孩子的追星仅限于收藏几张他们喜欢的星照贴在床头，偶尔花钱买票听该明星的演唱会，如果仅限于这些，父母不应横加干涉，孩子紧张学习之余，听听流行歌曲，让生活丰富多彩些，有利于其健康成长。

2. 允许他们去尝试

对孩子来说，重要的不是结果，而是体验和过程。有了这种体验和过程，孩子才会慢慢学会自己选择。孩子在追求和尝试中，自己会判断值不值、有没有意思。但是孩子毕竟还不成熟，对很多事情缺乏客观的评价。因此，家长要和孩子共同探讨，帮助孩子学会总结经验和教训。

3. 把崇拜转化为激励

追星实际上是一种榜样认同和学习，青少年往往把明星当作他们人生发展的楷模，以及心灵寄托，父母为孩子提供的榜样应该是富有责任感和奉献精神、创造有价值文化的楷模，而不仅仅是外表靓丽、收入丰厚、生活优越的明星。父母可以对孩子自发产生的偶像崇拜心理和行为进行正当的干预，让孩子体会到成功的快乐，把孩子的追星转化为对成功的自我激励。

总之，明星崇拜要有度，我们要让它成为青春路上的快乐驿站，而不能成为成长路上的绊脚石。

2. 我是偶像练习生
——别做一夜成名的明星梦

情景再现

16 岁的李美骄傲于她修长的体形，娇好的面容。她曾经做过平面模特，上过宣传海报。

2007 年 8 月，李美带着成为超级名模的梦想来到三亚。在这里，她同 65 位来自中国台湾、北京、山东等 15 个赛区的幸运儿集训。12 天后，她们之中将有人成为新一届"新丝路模特大赛冠军"。

这里有阳光、沙滩、俊男、美女，还有强烈的战胜他人成为焦点的欲望。新丝路是中国最具影响力的模特选拔赛事之一，已经举办了17 届，从这里走出了马艳丽、谢东娜、胡兵等数十位国际知名的超级模特。

"我要像他们那样成名、成功，这是我从十几岁时就有的愿望。"

心理解析

其实，在我们的身边也有着这么一群孩子，由于媒体非理性的炒作，由于家长的盲目引导，他们游走在舞台的边缘，渴望有朝一日成为明星，享受众人的掌声——这是一群做着明星梦的孩子。

一夜成名的梦想和诱惑总是让许多家长和青少年跃跃欲试。而社会上各式各样的宣传也往往侧重于报道童星成名的成长历程，却很少将镜头对准金字塔底部的那些未成功的、陷入窘境的家庭。这种趋向性的宣传往往起到了误导的负面作用。

艺术可以陶冶情操，但是，这并不是说艺术适合每一个人。在教育的时候，要根据孩子的特长爱好因材施教，家长不应该盲目地跟风。一旦梦想在这场赌注中破灭，又有谁会为孩子逝去的青春负责呢？成功之路没有捷径可走，只有老老实实承认这一点，家长和孩子才不会被造星术迷惑了双眼，才不会在这种狂热的梦想中陷入太深。

话术建议

孩子年龄小，对很多事物判断力不够，作为家长，要帮助孩子理性分析自身的条件，别盲目追星，也别盲目想成为明星。

具体做法是：

1. 家长首先要反思自己

对于日益高涨的选秀热，这样的节目多缺乏导向性，助长了家长们极不理智的望子成星梦。那些仍在编织着明星梦的家庭是不是该反思，自己究竟该给孩子些什么？

2. 善于发现和培养孩子

每位家长都希望自己的孩子能够成名、成才，但是绝大多数家长却并不知道如何培养孩子。其实，每个孩子都有与生俱来的独特天赋，就是缺少发现和培养。现在许多家长貌似在培养孩子，实则扮演的是"天才杀手"——当家长苦口婆心地逼着孩子学钢琴的时候，也许正在扼杀第二个刘翔；当孩子为奥数题目绞尽脑汁的时候，也许一个未来的天才画家正在远去……

3. 家长要给孩子的道路把好关

孩子不切实际地做着明星梦，导致荒废学业，甚至误入歧途的例子不在少数。作为父母，应该给孩子指明正确的人生道路，而不是任由孩子在错误的道路上继续走下去，影响了学业和前途。

成功的人生需要打好基础，需要耐得住寂寞，不求速效，不务虚名，脚踏实地才是通往成功的正道。

3. 同学都穿名牌，谁穿这个
——消除攀比心理

情景再现

芳芳在一所省级重点高中读高二，同学的家境大都不错。这些学生平时吃的、穿的、用的也都比较讲究。大家在一起上学，平日里私底下说话，不自觉地就会互相攀比起来。你说你的衣服有多好，他说他的鞋子有多贵，不为别的，就是想把别人比下去。

最近，芳芳见同桌拍了一组艺术写真，花了3000多元。回家后，芳芳也缠着母亲带她去拍写真。经不住女儿软磨硬泡，芳芳妈妈花了5000多元为女儿拍摄了一套"快乐天使"。回到学校，芳芳把自己的相册拿了出来，果然把同桌比了下去。芳芳同桌心有不甘，结果处处和芳芳攀比。芳芳在同桌的刺激下，也开始非名牌服装不买。

一次，芳芳妈妈在一个小店看上一件非常漂亮的裙子，价钱也不贵，就给女儿买了，但是回到家，女儿看了一眼说："你以后不要买这种衣服给我，我们同学都穿专卖店的衣服，哪还有穿这个的。"

心理解析

作为青少年，如果过于讲究穿着、打扮，一味地追求高档、名牌，不是一件好事，至少会带来以下几个方面的不利影响：

1. 分散精力，影响学习

因年龄尚小，认知能力差，很多青少年不能分辨是与非，不能明晰美与丑，只知道同伴有的自己不能没有，而且还要比别人的好。青少年的攀比心理是一种片面而又狭隘的心理现象，当这种心理需求无法满足时，便有一种挫败感、失落感，自卑也就随之而来，给他们的学习、生活和身心发展带来负面影响。

2. 加重家庭的经济负担

在经济腾飞、物欲横流的当今社会，追求名牌成了时尚：车子是名牌的，服饰是名牌的，吃要上档次，娱乐要上层次。大人们如此，孩子难免受影响。做家长的如果不采取积极的应对策略，只会让孩子越陷越深，既给家庭带来负担，又会扭曲孩子的心灵，造成不可估量的物质与精神损失。

3. 助长孩子的虚荣心及奢侈浪费的生活习惯

一些家长也不愿落后于别人，孩子想要什么都尽量满足，自然会给青少年的攀比心理提供经济基础。家长的这份溺爱，为青少年攀比的滋生提供了条件。溺爱与迁就会让青少年滋生攀比心理，产生依赖。孩子的消费观念和消费行为都会走进误区。

话术建议

若发现孩子有攀比心理，家长要采取多渠道的应对策略，让孩子树立正确价值观。具体做法是：

1. 做好孩子的榜样

家庭环境对孩子的影响尤为重要，家长的一言一行就像一面镜子，会令孩子受到潜移默化的影响。当发现因自己给孩子带来不良影响时，家长要认真反思自己的言行，做好孩子的榜样，自己做到不攀比,孩子的心态自然也会平和许多。

2. 引导孩子集中精力搞好学习

要通过教育,使孩子明白自己是一名学生,而学生的主要任务是学习,应把主要精力放在学习上。引导孩子在学习、劳动、品德方面与同学展开竞赛,而不是在穿着上盲目攀比。

3. 家长、教师要把握好度,适时给予鼓励

青少年正处于心理问题的多发期,特别需要家长、教师的灌溉培育。因此,家长、教师要用正确的教育方法,适时给予鼓励。

4. 喜欢动手打架
——纠正暴力倾向

情景再现

军军上初中后的第一次家长会，让妈妈对儿子好学生的印象有了改变。

老师告诉她，虽然军军在课堂上的反应和接受新知识的速度都比较快，但开学以来，他已经和同学打架三次。

"这个孩子有点暴力倾向，你们家长可要好好管教他。"老师的话让军军妈很没面子，回到家后她把军军狠狠地批评了一顿，勒令他以后再也不许打架，还罚他连续两个周末不能出门玩。

军军挨批评后变得老实很多，可不到半个月，妈妈接到了老师的电话，说军军在学校里又打架了。

心理解析

青少年的暴力倾向是一个不容忽视的社会问题，在他们的暴力行为里，可以看到对别人生命的漠视。是什么原因造成越来越多的青少年具有暴力倾向呢？

1. 社会上有暴力倾向的书籍、音像制品、电子游戏等。影视中有很多把暴力包装成勇敢者的行为的情节。孩子们一边看暴力血腥的镜头，一边为那些血腥杀戮的场面喝彩。在他们心里，暴力是一种享受，慢慢地就会不把暴力行为当回事儿。

2. 家庭教育方式不当为青少年成长埋下隐患。家长对孩子的熏陶很重要。有大量的事实和数据表明，在家庭暴力发生较多的家庭中长大的孩子，产生暴力倾向的可能性更大。有些孩子会因为家长对自己的暴力行为而产生畸形的报复心理，从而产生暴力倾向。

话术建议

孩子有暴力倾向，会影响日后与他人的正常交往，阻碍其发展。同时还会引起一系列的社会问题。这就需要我们为孩子的健康成长创造良好的社会环境和家庭环境。

1. 多和孩子沟通

平日家长要多和孩子沟通，特别是已经出现轻微暴力倾向的孩子。如果确定孩子的好斗只是因为精力过剩，家长就要注重强化孩子的正面行为，为孩子提供发泄的途径。其次家长应该给予孩子爱，满足、理解、尊重孩子的情感需要。只有让孩子体验到父母之爱的温暖，孩子才会有意识地去爱他人。

2. 教导孩子正确的交往策略

多数孩子的攻击行为都是一时的冲动，其实他们心中是渴望友谊的，只是不知道如何与他人和睦相处。这种时候，家长应该及时教给孩子实用的人际交往技巧，教他们运用多种方式来化解困境。

3. 教孩子控制情绪

青少年还没有学会如何控制情绪，因此家长应该帮助孩子学会调节情绪，使孩子有稳定的情绪。群体环境和集体活动最有利于培养孩子的合作精神，家长可以多创造这样的环境，让孩子学会忍耐宽容，加强自我约束力和控制情绪的能力。

4. 法制教育

法制教育是控制青少年暴力行为的重要手段。应该教导他们遵守社会主流的价值取向，让他们形成法律意识。让他们懂得生活在一个社会里应该是平等、公正的，培养孩子建立一种朴素的道德情感。

5. 沉迷上网无心上课
——别做网瘾少年

情景再现

张刚近来下午上课老是迟到，家庭作业也时常不交，一上课就打瞌睡。班主任把张刚的表现告诉了家长。张刚的妈妈立即想道：孩子可能是玩网络游戏了。

第二天，张刚匆匆吃过午饭就离家上学去了。妈妈悄悄地跟在他后面，果然发现张刚拐进学校附近的一条小弄堂，妈妈紧跟上去，发现那儿新开了一家网吧。里面挤满了人，大多数都在玩网络游戏，看样子大部分都是学生。

张刚刚进去，忽听背后妈妈喊他："张刚！"张刚一惊，回头看到妈妈正生气地望着他。在妈妈的逼问下，张刚承认自己经常来这里玩游戏。

心理解析

孩子之所以会沉迷网络，是因为他们在现实的生活、学习等方面出现了让他们难以解决的问题。沉溺于虚拟世界，对他们来说是一种"最为合适和方便"的逃避现实烦恼的途径。

在校青少年的学习压力大，精神长期紧张；在人际交往中经常出现阻碍与困惑；孩子和父母之间也常常缺乏交流，这些都导致青少年处于一种生理和心理苦恼期，长期受压抑需要一条途径加以宣泄。大多数沉迷网络的孩子学习成绩都比较差，他们在现实生活中体验不到学习所带来的成就感，往往会选择网络来满足自己。

容易沉溺于虚拟世界的孩子，一般都比较内向、敏感、偏激、不合群、容易情绪化等，这使得他们在待人接物上缺乏毅力和耐心，经受不住挫折和失败的打击，一旦碰到难题，遇上困境，就会束手无策，或消极悲观，或破罐破摔，以致最终逃避现实。

话术建议

大人们要想帮助孩子彻底地走出虚拟世界的泥潭，应该做到：

1. 让孩子不需要在网络中寻求慰藉

多和孩子沟通，了解他遇到了什么困难和挫折，帮他分析。孩子的困难和挫折常常并不很难解决，但要帮助孩子正确对待，并帮他克服，使他不需要从网络中寻求慰藉。

2. 要让孩子信任家长

无论孩子的情况多么严重，大人们也不要斥责、贬低孩子。家长只有获得了孩子的信任，成为孩子主动倾诉的对象，才能了解到孩子的真实想法，才能对症下药帮助他们。

3. 用健康的活动转移孩子的注意力

让孩子多与外界接触，参加一些文体活动，例如制作航模，打球，看自己喜欢的书，引导孩子转移兴趣，处理好学和玩的关系，就能使学习成绩迅速提高。

4. 引导孩子合理安排时间

例如，做完作业才可以上网，并限制时间，每天半小时为宜。孩子遵守约定时给予表扬，违反约定时给予批评。

6. 学不好了，早点赚钱去吧
——摆正学习与赚钱的关系

情景再现

王丹在市内的一所重点高中读书，成绩还算不错。可是上到高二的时候，王丹突然产生了辍学的念头，打算出去赚钱。

有了这个想法不久，王丹觉得自己遇到了一个机会，于是谁也没告诉，就离开了学校，背着家里，名义上是去上学，实际上是去打工。

时间一长，学校找到了王丹的家，向王丹的父母说明了她最近的逃学行为。

王丹的父母得知情况之后十分生气，找到王丹后把她带回了家，并且臭骂了一通，告诉她必须上学，起码要上到高中毕业。

可是王丹却很不服气，她觉得读书没有什么用，自己早晚还会去找工作，而且就算高中毕业，也不见得就比现在赚得多。

心理解析

当今社会处在一个知识爆炸的时代，各种信息铺天盖地而来。青少年处在这样的时代里，学习不只是一次性的，而是终身的。即使是高学历的人，不充实、更新知识也适应不了社会的需要，何况青少年。在社会上立足必须以拥有充足的知识为前提。

有的青少年认为，现在想工作就先工作挣钱，有了钱以后，想学习的时候再学习也不晚。事情并非这么简单，青少年的任务就是学习，青少年时期是一个人学习的最佳时期。在最佳时期内，容易出最佳效果，否则，错过最佳时期，可能会事倍功半。

话术建议

一些青少年在工作与学习上思想认识出现了偏差，想早点儿参加工作。对于这样的孩子，父母可从以下几个方面使孩子改变认识：

1. 使孩子认识到知识在将来工作中的重要性

现代社会中，经济的发展对科学技术的依赖程度越来越大，科学技术对经济发展的推动力也越来越大，职业对从业者的素质要求也越来越苛刻。这种条件下，缺少科学知识将很难胜任未来的工作。青少年应该学好科学文化知识，面对未来的挑战。

2. 让孩子明白知识是在未来的竞争中处于优势的唯一途径

激烈的社会竞争中，一个人的竞争实力主要来自其自身优势，如年龄、体力、学历、技能、专业、特长，等等。一个没有社会认可的学历的人，往往只能参与体力劳动或简单脑力劳动的工作竞争，而这类工作更看重的是求职者的年龄、体力、体质。随着年龄增大，失去这些优势以后，工作的竞争力会迅速下降，昔日年轻力壮的强者，会变成年老体衰的弱者。

3. 要让孩子知道，社会真正需要的是有知识的人

当今社会知识更新速度极快。为了适应社会的需要，在社会上立足，就必须不断地更新知识，否则将面临被淘汰出局的结果。学习对这个时代的人来说，是终身的事情。青少年时期只是人生学习历程中最基本的初级阶段，今后学习的路还很长。

7. 我就是想拿别人的东西
——杜绝偷窃

情景再现

雷洋的老师有一个纪念币很吸引雷洋，雷洋想借来看看，可这枚纪念币对老师来说有很重要的意义，因此拒绝了雷洋的要求。可雷洋对这枚纪念币仍然念念不忘。

一次，雷洋看到老师把纪念币放到了办公桌里，而且没有锁上抽屉，雷洋就偷偷地把这枚纪念币拿走了。

老师发现纪念币不见了，就向学生了解情况，后来一个学生说看见雷洋午休时去了趟教师办公室。老师找到雷洋，问他是否看见了那枚纪念币。雷洋却说没看见。经老师耐心地教育，他最后承认是自己拿走了。

雷洋的母亲知道此事后找老师说，雷洋没有拿别人东西的毛病，对这枚纪念币他只是喜欢，拿回家玩玩。雷洋的母亲毫无原则地袒护和姑息，致使雷洋没有认识到随便拿别人东西的错误，后来逐渐养成了小偷小摸的不良习惯。

心理解析

随便拿别人的东西，产生这种行为的概率在青少年当中还是很大的。青少年的心志发育还不完全，对事物的认识还有偏颇，自制能力不是很强。当他们碰到自己喜欢的东西，往往会一心想要占有，结果就出现了随便拿人东西的现象。事实上，他们不是不知道随便拿人东西是不正确的，但是对这种错误的认识还不是很透彻，而且遇见吸引自己的东西，没有如成人一般克制自己的自制力，结果就出现了"偷盗"行为。

青少年出现这种偷窃行为是最使父母担心的。事实上，青少年的偷窃行为并不像父母所认为的那样严重，它与成人的偷窃是不同的。青少年的偷盗动机只是自己喜欢，并没有意识到问题的严重性和可能给别人造成的损失，他们也许知道这么做不对，但没有完全明白这么做为什么不对。

在实际生活中，青少年偷盗现象中比较普遍、比较严重是偷家里的钱。这一方面是有的家长对孩子管得过分严格，当孩子看到有的东西别人有而自己没有，就去拿家里的钱来满足自己的需求。往往这时候，孩子对拿家长的钱觉得无所谓，反正是自家的钱。还有的是孩子受不良影响，虚荣心强，从家里偷钱买东西分给大家摆阔气。

话术建议

如果孩子已经有了偷窃的行为，甚至已经成为一种习惯的话，父母应该做到：

1. 教育孩子勇于承认错误

人都有犯错误的时候，青少年往往更多。因此，父母要帮助孩子正视自己的错误，改掉偷窃的行为。一旦发现孩子有偷窃行为，父母应该及时将物品归还物主，同时要教育孩子致歉或赔偿，不要让孩子将错就错或存在侥幸心理。

2. 更多地关注孩子的日常生活

父母要掌握孩子的动向，把孩子再次偷窃的行为消灭在萌芽阶段，千万不能放任不管，听之任之。发现手里的物品不属于自己，父母一定要弄清楚来龙去脉，并教育孩子将物品归还原主。同时要为孩子提供他所必需的物品，满足孩子的正常需要。

3. 不遗留任何可以诱发偷窃的时机和物品

父母要制造一个孩子不容易产生偷窃行为的环境。比如，不要随便乱放零钱、钱包等；去别人家，临走时提醒孩子把玩过的东西放下再走。

4. 端正态度，正确引导

比如你确定孩子从你的钱包里偷了钱，最好不要用提问的方式问这件事，而是告诉他："你从我的钱包里拿了100块钱，我希望你还给我。"当孩子把钱还回来时，大人应该跟孩子说："如果你需要钱，可以问我要，我们可以商量。"如果孩子否认拿了钱，不要和孩子争论，也不要恳求他坦白，而应该说："你知道我已经知道了，你必须把钱还回来。"如果钱已经花了，那么谈话的内容应该集中在偿还的方式上，比如做家务，或者在零花钱中扣除。

8. 赌瘾从押十块钱开始
——在赌博的路上越走越远

情景再现

马凯本来是一名品质不错的孩子，顺利地考入了省里的重点中学。但没想到的是，短短两年时间，赌博就让一个原本应该有良好前途的孩子迅速堕落。

一开始，马凯只是和几个同学猜球赛的比分，输的人请赢的人吃饭。

到了高二的时候，世界杯足球赛开始了。马凯和几个同学自己搞了个博彩，在同学之中开始赌球。到整个世界杯比赛结束时，马凯因为自己押对了意大利队夺冠，结果赢了将近一千元钱。

在尝到了甜头之后，马凯疯狂地迷恋上了赌博。一开始只是参加一些地下赌球，结果输得一塌糊涂。但是马凯对此不甘心，向同学借钱，希望能把输掉的钱赢回来。而且此时，马凯也开始接触各种形式的赌博，并且越发沉迷其中不能自拔，到了高二下学期，他竟旷课半学期，于是他被学校劝退。

回到家后，马凯有些后悔。在父母的动员下，他接着自学，为来年的自考做准备。

马凯很幸运地考上了大学。上了大学之后，马凯仍然深陷赌博之中无法自拔，他几乎花光了身上所有的钱，万般无奈之下，他想到了盗窃。

心理解析

社会上赌博风气的盛行，是引诱孩子沉迷赌博的重要原因。从城市到农村，赌博几乎成了普遍性的娱乐活动。赌博是被禁止的，但一般人的小赌似乎成了合法的、正当的活动。它在潜移默化地影响着我们的下一代。许多成年人，特别是做父母的若经常赌博，这就给孩子带来坏影响。

赌博是一种比输赢的带有智力性的游戏行为。无论是麻将、扑克，还是其他赌博方法，都充满着竞争性。青少年在赌博过程中，情绪是此起彼伏的。常见的青少年赌博动机有：

（1）好奇心。这往往是青少年开始赌博的动机。

（2）竞争心。争高低、图输赢是青少年赌博一次又一次继续下去的动机之一。

（3）寻求刺激。赌博对一些少年学生来说，不仅是物质刺激，而且还是精神刺激，对少年参赌者具有磁铁般的吸引力。

（4）逃避和消遣的需要。有些中学生缺乏高尚的情趣，空闲时间感到无聊，就会热衷于赌博活动。

话术建议

作为家长，应该教育和引导孩子，并做到以下几点：

1. 家长以身作则，禁止家庭中的赌博行为

作为家长，最重要的是以身作则，不参与赌博活动，为孩子创造良好的生活环境和树立一个榜样。对于一些有赌博行为的家长，为了

孩子的健康成长，应尽快彻底戒赌。

2. 防赌重于戒赌

赌博带有一定的强迫性。很多人陷入赌博难以自拔，根本无法控制自己的赌博行为，以致持续终生。而往往赌博行为始于青少年时期。因此，要预防和减少孩子参与赌博行为的可能性，对他们进行精心的帮助和早期预防。

3. 有针对性地进行教育引导

对有赌博行为的孩子，家长应仔细分析孩子的具体情况，结合实际耐心细致地对他们进行教育，向他们讲清赌博的具体危害。同时，帮助他们逐步做到不去参加赌博活动，并要切断引起他们赌博的源头。另外，要鼓励他们多参加一些有益的活动，并要制定一些切实可行的措施，来促使他们远离赌博。

Part 8
与学习相关的话术

1. 上课不知不觉就走神
——如何集中注意力

情景再现

小海是一名初中生，入学时成绩虽然算不上突出，但也还算过得去。可是一个学期下来，小海在班级的名次急剧下滑，成了成绩倒数的学生。为此，小海的父母很是着急，主动到学校找到了班主任刘老师了解情况。

刘老师对小海的父母说："小海有上课走神的问题。很多时候，老师在讲台上讲课，小海一开始也的确很认真地听老师讲课，但是一会儿他就开始走神。有时候发愣发呆，不知在想什么。"

起初，刘老师以为小海是故意不想听课。但在与小海谈话之后，刘老师得知小海并不是故意的，其实他自己也不知道究竟是怎么一回事，脑子总是在不经意间就开了小差，小海也在为这个毛病苦恼。

心理解析

上课注意力不集中是青少年在学习中比较常见的一种现象，对学习成绩的影响非常大。现代社会条件下，青少年的智力水平并无太大差别，因此课堂上听课的质量就成了决定成绩好坏的关键。事实上，走神往往是在不知不觉中产生的，学生自己都不知道这究竟是怎么回事，这使得他们在受到老师和家长的批评时，心里觉得很委屈。

其实，对于青少年来讲，上课注意力不集中是一种很常见的心理现象。青少年阶段是一个人从幼稚走向成熟的时期，同时也是一个朝气蓬勃、充满活力的时期，更是一个多梦的时期。上课的时候，这些特点在无意中体现出来，就导致了走神、注意力不集中的现象。如果青少年长期这样下去，就会严重影响听课效果，导致学习上的缺漏不断累积，和其他同学的差距越来越大，影响自信心，恶性循环，最后自然会与理想的学校失之交臂。

案例中的小海刚入学的时候成绩并不差，属于中等学生，可见其成绩下滑并非智力因素所导致，而是因为处于青少年期的他，上课不经意间就会走神，从而影响了听课的效果，最终导致学习成绩下降。

导致注意力不集中的原因有以下几点：

首先，睡眠不足。睡眠不足导致青少年在上课的时候注意范围缩小和注意持续时间的缩短，会直接影响听课效果。

其次，烦恼多，压力大。青少年时期，无论是学习方面还是人际交往方面都有自己的烦恼与压力。这样，在上课的时候，青少年就会不自觉地想到这些事情上面，而且经常越想越烦恼。

最后，心中没有清晰明确的学习目标。大多数的青少年在学习这件事情上，目标往往不明确，不知道自己为什么而学习，或者不知道自己要达到什么样的目的。

话术建议

作为家长，应该努力做到以下几点：

1. 培养孩子对学习的兴趣

作为家长，与其没完没了地斥责孩子注意力不集中，不如通过教育孩子提高对所学课程的兴趣，使之在主观上提高注意力的集中程度。培养兴趣是训练青少年集中注意力的一个手段。可以培养对所学知识的间接兴趣。通过把知识融入游戏中，通过游戏调动孩子的兴趣。只要有兴趣，听课的自觉性就强，注意力就会集中。

2. 帮助孩子明确自己的学习目标

孩子在上课时分心的一个重要原因，是因为孩子不知道自己为什么而学，没有一个明确的学习目标就无法定位当前的学习任务。所以要想集中注意力，就必须时刻提醒孩子把注意力稳定在学习目标上。有了目标，孩子才能更好地集中注意力。

3. 让孩子保持充足的睡眠

充足的睡眠可以维持正常的脑功能，如果青少年晚上休息不够，白天大脑对外界的干扰因素的抵抗力就会降低，上课自然就会注意力不集中，从而出现上课走神的现象。此外，睡眠不足还会造成记忆力减退和逻辑推理能力下降。因此，家长要保证孩子有足够的睡眠时间，并意识到，孩子注意力的维持本身就是有时限的，如果睡眠不足或者过度疲劳，注意力自然就会分散。

2. 一提学习就头疼
——摆脱厌学情绪

情景再现

小明是某中学一名初一的学生，从小到大，小明的各科成绩都很优秀。但是进入中学以后，小明突然开始讨厌学习，学习成绩也直线下降。

他的表现也大不如前，遇到好"欺负"的老师，小明就经常不去上课，遇到比较严厉的老师，小明虽然不敢逃课，但是上课也不听讲，而是趴在桌子上睡觉。放学回家后，小明把书包扔在一边，既不复习功课，也不做家庭作业，而是躺在沙发上看电视，要不就是玩手机。

每当父母一提到"学习"这两个字，小明就表现得特别烦躁，还用两只手捂住耳朵在床上打滚，并且说自己头痛难受，不让父母再提"学习"。

心理解析

如今，很多的青少年都有厌学的情绪，且随着学生年龄的增长越发明显，已经是一个较普遍的现象。不只是成绩不好的孩子厌学，就连那些成绩非常优秀、在老师眼里是好学生的青少年都存在厌学情绪。在他们的内心世界里，学习是件很烦心的事，一提起来头就会疼。

其实，学习是一个人认识世界最基本的途径，一旦机械的、枯燥的重复取代了刚接触知识的新鲜感和趣味性时，孩子就会感到丧失了学习的乐趣，那么他们便会产生厌学情绪。

学习本身是耗费精力的事情，在这个过程中学生的精神始终处于一种高度紧张的状态，久而久之就会产生心理倦怠。不仅如此，学习也是一个长时间的过程，并非一朝一夕就可完成。一个人无论进行什么性质的工作，时间长了，都会多多少少产生厌倦情绪。

此外，不会学习也是导致孩子产生厌学情绪的一个重要原因。这些孩子往往学习时集中不了注意力，不能把新旧知识联系起来进行学习，不能筛选知识中重要的内容，无法将学到的知识正确、合理地表达出来。孩子如果不会学习，日益繁重的课业内容就容易导致厌学情绪的产生。

话术建议

面对青少年一提学习就头疼的现象，身为家长，应该做到：

1. 帮助孩子确立明确的学习目标

所谓明确的学习目标，就是指要切合实际，不要笼统地提出要求。应该具体地告诉他每天要完成的课程进度。如果学习目标定得太高，就会使他丧失信心，而定得太低，他又会觉得不用努力就能实现，从而丧失兴趣。所以，这个度需要在实践中把握。

2. 帮助孩子体验到成功的快乐

孩子都很在意别人对自己的评价，因为他们会按照别人的评价认识自己。一个总是失败的孩子体验不到成功的快乐，也就不去努力了。如果孩子的学习不好，不要将失败的原因归为孩子不聪明，家长可以从学习态度、意志力等方面去寻找原因，千万不要说他笨，让他在别人的评价中否定自己。

3. 鼓励孩子进行自我激励

如果孩子能够经常自我激励，相较于其他孩子，他能更容易地走出某一场考试失利带来的心理阴霾。要帮助孩子树立自我激励的目标，教会他学会自我暗示，经常对自己说一些能够提高信心的话，如"我一定能成功"。另外，帮助孩子在行动中摆脱消极情绪。

3. 一听考试就如临大敌
——如何应对考试焦虑症

情景再现

小玲是个很用功的学生，上课认真听讲，回家后认真完成作业，平时也十分听老师、父母的话，总之，在老师和家长的眼里，小玲是一个很乖的学生。

小丽是小玲的同班同学，平时上学、放学都在一起。在老师和家长的眼里，小丽平时学习不如小玲用功，在课堂上，许多小玲能够回答上来的问题小丽却回答不出来。可是，每次考试成绩出来后，小丽都比小玲高出十几分，这给小玲的心理产生了很大的压力。

不知不觉间，期末考试又临近了。考试的前一天晚上，小玲不停地看书、复习，生怕自己考不好。父母劝小玲早点睡觉，可是小玲躺在床上翻来覆去就是睡不着，好不容易睡着了，很快又被惊醒。到了第二天早晨，小玲早早地醒了，从家里到学校这一路，小玲的脑子里满是关于考试的事情，手脚也不自觉地发抖。进入教室之后，小玲感觉自己的脑子里空荡荡的，之前复习过的东西突然间全都不见了。

小玲为此惶恐极了，手心都攥出了汗。最终，这次考试，小玲又考砸了。

心理解析

从案例中小玲的表现来看，可以断定她患上了"考试焦虑症"。考试焦虑症是学生由于对学习成绩、考试反应过度而造成的焦躁不安、心神不宁，常伴有睡眠不稳、心慌、发抖、头痛等症状。考试焦虑不仅对孩子的身心健康不利，还直接影响着孩子的学习成绩。

考试给孩子带来了很大的心理压力和精神负担。本来，考试应该是教师发现学生知识和能力的缺漏，帮助学生查漏补缺的一种手段。考试本应是学生学习的助手，却由于分数的特殊作用成了学生可怕的敌人。考试的作用被扭曲了，而学生就成了直接的受害者。

一些孩子在考试前担心自己考不好，觉得会被父母责骂，同时在学校里也抬不起头，这种想法可谓是造成孩子心理负担的主要原因。

很多时候，父母对孩子期望过高，提出了很多不适当的要求，孩子的心理负荷过重。或者错误地夸大考试与个人得失及前途的关系，过分渲染考试失败的情景等，这些做法都会使孩子在过大的压力下产生紧张、焦虑的情绪。

通常来讲，如果学生考试的结果达到了老师、父母以及自己考试之前对自己的要求，那么就会产生一种积极的心理反应，这种反应会极大地促进人的行为动机，从而形成良性循环。反之，如果考试的成绩和老师、父母以及自己当初的设想差距很大，就会产生消极的心理反应。这种反应会极大地压抑人的行为动机，从而形成恶性循环，加重孩子的考试焦虑。

话术建议

遇到这种情形，家长应该帮助孩子消除过度紧张心理，使他们在考试中能够发挥出正常水平：

1. 对孩子的期望与要求要合理

父母一定要注意提出的要求要顺应孩子的生理和心理特性。同时，要尊重孩子，不能苛求，当孩子未达到要求时，千万不要嘲讽挖苦，这样会使孩子感到压抑，或是出于逆反心理对抗家长，从而加重孩子的焦虑。父母应给孩子一定的自主权利，与孩子谈话时应以平等的语气商讨。如果孩子脾气倔强，也要耐心教育，须知任何与孩子心理和生理发展违背的行为与方式都是错误的，都是有害的。

2. 让孩子明确考试的目的，端正对待考试的态度

考试的意义并不是为了和别人争名次，而是为了检查自己掌握知识的情况，以便根据存在的问题加以改进。如果把注意力放在担心其他同学比自己强上，是毫无意义的，它不仅会使自己远离当前的中心任务，把精力白白地浪费在毫无价值的猜测上，而且还会使我们丧失应有的信心和勇气。告诉孩子，考试时他应该做的是：抓住重点，排除杂念，汲取其他同学成功的经验，立足于自我潜能的发挥上。

3. 为孩子营造一个宽松的环境

家庭环境一定要整洁、舒适、有条理。家庭成员之间要和睦、民主，营造一个良好的生活环境和家庭氛围，这是让孩子远离焦虑的一个重要条件。

4. 急什么，我再玩几分钟
——赶走慵懒的毛病

情景再现

小林有一个很不好的习惯，就是学习不积极，很懒散。每天放学回家后，小林从来不主动温习功课，只有在父母开口问的时候才慢慢悠悠地拿出书本。对于上课时老师布置的课堂作业，小林也懒懒散散，满不在乎，没人盯着的时候根本就不动笔。平时上课，只要是老师不看着，他就绝对不会主动去学习。

可是，说他不喜欢读书也不对，只要一到超市或书店他就会一个人找个角落安安静静地看书。因为他这懒散的坏习惯，父母打也打过，骂也骂过，现在觉得那么大了给他讲道理应该听得懂，而且小林自己也一个劲地点头说改，可是刚讲过，第二天他就忘了。

心理解析

有些青少年在学习中作风懒散，这一情况的出现主要有以下几个原因：

首先，被动心理的形成。明明一件事本应该此刻做完，可是一些学生的心里却会想，反正又没有什么人催促自己，何必那么主动积极，结果往往总是处于一种被动状态。

其次，依赖别人的心理。课堂上经常会发生一种现象：踊跃发言的总是个别同学，这就使一部分学生产生了思维惰性。依赖别人的懒散心理只会使思维变得越来越迟钝。

心理上形成懒散的习惯必然导致青少年行动上的被动。结果就是明明知道某件事应该去做，甚至应该马上做，但是没有人逼着自己，就懒得去做。或者做事时无精打采、死气沉沉，最典型的特征就是做事不积极、不主动、不勤奋。

再次，缺乏上进心。上进心是前进的动力，缺乏上进心的学生做事容易满足，对自己要求不高，得过且过的思想严重，做事不求质量，常抱着"混过去就行"的不负责任的态度。

最后，家长的过分溺爱，也是造成学生懒散心理的因素。父母对孩子的过分娇纵，大包大揽，会使孩子养成"衣来伸手、饭来张口"的坏习惯。特别是独生子女，都有着严重的依赖性。他们什么事情都要靠父母或其他人，缺少独立性，导致了懒散的形成。

话术建议

父母一定要纠正孩子身上懒散的恶习，培养孩子积极主动的好习惯。

1. 言传身教，帮助孩子改掉懒散拖拉的习惯

父母想在孩子身上培养某种品质，首先应从自身开始，让孩子看到父母努力工作的情景，这对培养孩子的勤奋品质会非常有利。

2. 帮助孩子树立劳动最光荣的观念

让孩子在家里干一些力所能及的事情，比如帮助父母打扫卫生、洗碗、洗自己的衣物。在学校认真完成值日，不依靠别人，锻炼孩子的动手能力，同时也磨炼孩子的耐力。

3. 帮助孩子养成主动学习的习惯

各科作业都严格按老师规定的时间保质保量地完成，逐渐扭转被动的思想。

5. 今天做不完就明天做吧
——改掉学习拖拉的坏毛病

情景再现

马丽丽是一个慢性子的姑娘，无论做什么事都拖拖拉拉，不紧不慢。

全班一起做功课，做完的就可以出去玩，可是同学们玩回来发现马丽丽依然没有做完功课。

课堂练习的时候，马丽丽也时常不能按时完成老师布置的任务。

下午放学回家以后，做作业也是不紧不慢，别的孩子半个小时就能做完的作业她常常要拖上两个小时。

心理解析

学习拖拉是一个很糟糕的习惯，往往是青少年在学龄前就养成了。有这种不良习惯的孩子由于不能及时、按时地完成老师布置的任务，逐渐跟不上学习的进度，结果导致自信心逐步弱化，以致产生自卑心理，逐渐形成人际关系障碍。

通常情况下，有完美主义倾向的青少年更容易出现学习上的拖拉现象。这样的孩子，不管做什么事都希望做到自己满意。为了要一次做到最好，这样的孩子在决定做一件事的时候往往不愿意仓促开始，非要等到万事俱备才行，因此导致了学习拖拉。

青少年本身对学习有厌恶的情绪。如果本身就不喜欢学习，那么自然对学习就没有热情和动力，最终在学习中只能是拖拖拉拉的了。

还有一些青少年认为自己面临的学习任务太过艰巨了，自己根本就完成不了，因而产生了消极的逃避心理，开始应付差事。或者为自己完不成任务找借口，心里总想着等明天再做吧。但是往往明天到了，心里还是不愿意做，又继续往后推。

也有一种情况是青少年自我贬低，缺乏自信。部分青少年由于常常不能很好地完成任务，导致他们对自己能力的估计会越来越低，即使以后完成了，也认为是运气好。久而久之，信心丧失，做起事情来没有底气，因此形成了拖拉的习惯。

话术建议

孩子在学习上拖拉，如果得不到及时纠正，久而久之，这种不良的行为习惯就会变成一种自然的行为，对此，家长应该采取适当的措施来帮助孩子克服这种学习上的拖拉。

1. 以身作则

言教不如身教，在日常生活中，如果父母做事情能够定时、守时、按时完成，那么对孩子会形成一种榜样的作用。

2. 让孩子在固定的时间里学习

孩子在学校里的学习是有严格时间规定的，在家里也应该有固定的学习时间。帮助孩子制定一个学习时间表，让孩子每天按时开始、按时结束学习，并坚持形成习惯。

3. 改变学习的单一模式，及时更换学习科目如果孩子作业时间太长，且有一定难度，孩子自然会产生急躁和厌烦心理，不愿意动手去做。针对这一问题，家长可以把孩子每天要学习的科目都梳理一遍，按照由易到难的顺序，给孩子合理地安排学习的次序和科目。

4. 要求孩子做一项简单的体育活动

体育锻炼可以放松紧张的大脑，调节过度紧绷的情绪。

6. 平时都会，一考就错
——马虎比不会更可怕

情景再现

王刚马虎的毛病让他的父母和老师都感到很无奈。

平日里，王刚不可谓不用功，上课该听的都听了，该记的也都记了，课后该复习的都复习了，该练的也都练了，老师提问他时，也都能准确地回答出来，可是偏偏一到考试测验的时候就出错。

每次考试的时候，他总会因为马虎而丢分。每一次考完，他都很有信心，说没有什么不会的，可卷子一发下来就傻眼了。不是漏了一个数字，就是把答案写错了地方，老师马上再考他时，他还是会做。

你说他是因为知识掌握得不扎实吧，但是很多错的地方王刚用口算都能弄明白。对于这个"马大哈"，父母和老师都很头痛。

心理解析

马虎这一问题是青少年学习上的通病，通常，在孩子马虎的时候家长都会反复强调：再仔细一些。而孩子也认为自己都学会了，就是避免不了马虎。孩子马虎大意不仅仅是粗心的问题，其中还包含着很多其他的因素。

1. 注意力不集中导致的马虎

马虎就是我们说的心不在焉或三心二意。注意力是智力的一部分，只有提高注意力，才能进一步发展智力，克服马虎。提高注意力的方法除了主观努力外，还要排除外界因素的干扰，想办法增强知识的趣味性和新鲜感。

2. 存在思维定式

父母要告诉青少年在由已知事物的经验推及未知事物时，不要盲目类比，要正确定位，找出异同，这样才不致出错。许多考试题的设置，就是考察对同类问题的区分度，间接考察了青少年的思维能力。纠正经验不合理迁移，抓住事物本质，这是克服马虎的关键。

3. 思维有跳跃性

青少年在学习中有意无意地省掉一些步骤时，就很容易导致出错。反过来，严格按逻辑思维推理，就不易出错。我们只要做细心人，不抄近路，严格遵循逻辑思维程序，就不会出错。还有的是因为问题较熟悉，预先设置了结果，省掉了推理过程的中间环节而导致思维跳跃。所以，学生一定要认真踏实，这样马虎就可以避免了。

话术建议

家长在面对孩子学习中出现的马虎毛病时，要采取有针对性的措施给予帮助和指导。以下这些方法可以借鉴：

1. 帮助孩子在生活中养成细心的习惯

如果平日里做事情丢三落四，喜欢走捷径，那么在学习上也同样容易粗心。因此，家长要在日常生活中训练孩子做事有条不紊、严谨的好习惯，这对孩子的学习会有很大帮助。

2. 用鼓励而非惩罚的手段促使粗心的孩子改变

青少年正处在一个叛逆的时期，如果这时候用一些激烈的手段去管制，只能适得其反。孩子由于马虎出了错，如果对孩子做出惩罚，会让孩子心理上产生厌倦和反感，失去学习的兴趣。家长的批评，会使孩子心理受到挫折，怀疑自己的能力，缺乏学习的信心，因此，在孩子有进步时表扬、鼓励，让孩子一直保持良好的学习情绪至关重要。

3. 用目标激励孩子上进

家长可以与孩子一起制定减少因马虎而导致错误的计划，并对孩子取得的成绩予以奖励。每达到一个目标就给予物质奖励。这种用目标来激励孩子上进的方法，能帮助孩子逐步乃至最终消灭因粗心造成的错误，从而养成仔细认真的好习惯。

7. 越想学越学不好
——培养孩子自我效能感

情景再现

瑶瑶是高三理科班学生，高一时，学习特别用功，但从不熬夜，成绩是班上十多名。

高二文理分科她选择了理科，由于班上的同学相对成绩要好些，因此瑶瑶的排名有所下降。再加上班上的女同学晚上在寝室里打手电筒看书，翻书的声音使她难以入睡，她便强迫自己入睡，担心睡不好会影响第二天的学习，但越是这样强迫就越睡不着。白天上课精力无法集中，情绪开始变坏，记忆力开始下降，和同学人际关系也出现了矛盾。

当时她去看了医生，医生说是神经衰弱，开了一些药，她吃了后稍有好转。但过了一阵后又不管用，反而加剧，即使加大药量，也不管用。她心中非常苦恼，情绪抑郁，同学一有什么事不顺她的心，就发脾气。回到家里就没事了，能入睡。周末回家就不想来学校，自己有休学的念头。

她对自己的期望特别高，用她自己的话说："我不是只想考上就行，而是要考个好学校，考个985大学。"

心理解析

    学习的自我效能感是学生对自己的学习能力的主观体验。一个感到有强烈学习能力的人在学习中会充满自信，对成功抱有较大的希望，获得成功的动机比较强烈。在学习中能以积极主动的心态去面对的人，遇到困难一般不会退缩，而是会信心百倍地接受挑战，所以容易取得成功。相反，认定自己学习能力较差的人，不能正确地预期自己的努力与学习成就之间的内在关系，不能充分地调动学习主动性，学习倦怠，接受知识被动，遇到困难消极退避。因此，学习成绩多数不够理想。

    一个学生若总是失败，从未有过成功的积极情感体验，就会降低自我效能感。相反，一个学习中经常取得好成绩，经常得到师长和同学称赞的学生，其自我效能感会提高。自我效能感是个体对自身学习能力的主观评价和感受，并不是指学习能力本身，所以要提高这种感受和积极性，为自己设定的目标与自身实际相符是非常重要的。

    正确的自我评价是指对自己学习能力的评价符合自己的实际情况，既不妄自菲薄，又不盲目自信，而是认识到自己的优缺点，并怀有只要自己努力了就可以学好的信念。虽然归因风格和自我评价是两个不同的概念，但这两者内部存在必然联系。有积极归因风格的同学对自己学习能力的评价一般都是恰当和正确的，而有正确自我评价的同学一般都会形成积极的归因风格。

    一般来说，成功经验对学习的自我效能感的提高会起到促进作用，反复的失败则会使其降低。但还要受个体归因方式的左右。

话术建议

    那么，作为父母，应该如何培养孩子良好的自我效能感呢？

1. 为孩子设定合理的学习目标

假如孩子在班上的成绩是中下水平，那么不妨为孩子设定提前两至三名的半学期目标，依据这一目标再设定每天的目标。当一天的学习目标顺利实现后，应当让孩子学会为自己庆功，学会自我强化，父母应鼓励孩子积极地去体验这种感觉。如果孩子能够坚持将每一天的目标实现，半学期目标也就不困难了。当孩子一步一步地将目标变成现实，他的自我效能感也就自然随之提高了。

2. 对孩子的挫折进行合理归因

学习和生活中每个人都不可能一帆风顺，都会经历或大或小的失败。在遭受挫折时，如果不会根据实际情况做出全面的分析，只是片面地归于自己的能力，那就会使自己的学习自我效能感降低，使自己产生一些消极反应。所以学会全面分析，考虑环境因素，自己的基础知识、情绪状态、问题的困难程度等影响学习成败的因素。

3. 适当鼓励，增强孩子的学习自信心

一个人如果缺乏自信，总担心自己学不好，那么就不会有足够的学习动力，就不能集中注意力投入学习活动中。一时学习成绩不好，并不等于自己没有学习的天赋，只能说明自己的优势还没有发挥出来。如果我们静心而思，会发现自己有许多过人之处。有了自信做阶梯，孩子就不会为眼下的成绩不佳而哀叹。这时，如果能积极调整不当的学习方法，成绩自然会有较大的提高。自我效能感就会油然而生，面对学习也就不会消极退缩了。

8. 我不想做作业
——激发主动学习的动机

情景再现

明明最不喜欢做的事情就是做作业了，每次都需要父母逼着才能够勉勉强强地把作业做完。这天，明明的父母有事情外出，临走之前，父母叮嘱明明一定要完成作业，明明答应了下来。可明明的父母回来之后，却看到明明正趴在桌子上打瞌睡。

明明的母亲把明明摇醒问道："明明，作业都写完了吗？"

明明撅着小嘴，揉了揉眼睛说："都写好了。"

第二天，明明的母亲刚打算出家门，就接到了明明班主任的电话："明明昨天的作业又没有写完，像这样下去，怎么能行呢？"

明明的母亲顿时火大了，明明写作业每次都要自己盯着、逼着，为了让孩子的作业写好，他们夫妻俩可费了不少心思。可是，只要家长一放松他就糊弄了事，老师经常打电话来说明明没有完成作业。

家长和老师在一旁着急，而明明却又有自己的抱怨："我承认我是有点懒，可也不能全怪我呀，每天的作业不是拼命抄写单词，就是做很多练习题，烦透了！老师就不能给布置好玩的作业吗？"

心理解析

明明不喜欢做作业，主要有两方面的原因：

一方面从主观角度上讲，是缺乏内在学习动机。在明明的心里，做作业是一件枯燥的事情，完全在家长的监督和责骂下才勉强为之，因此当明明没有外力约束时，就会逃避。明明认为，自己做作业的理由很简单，就是为了躲避家长和老师的惩罚。如果抱着这样的学习动机，怎能积极主动地去学习？因此帮助明明这样的孩子，首先要帮助他树立明确和适当的学习目的。

学习动机是直接推动学习的内部力量，也是一种学习的需要。青少年的学习动机可分为内部动机和外部动机。凡是学生根据自身的意志、兴趣、爱好而进行学习的动机都是内部动机。与此相反，在外因的驱使下，如由家长、教师等所提供的赏罚手段或诱因来推动其学习，这样的学习动机属于外部动机。对于明明来说，学习的内部动机已经不起作用，只有外部动机驱使他、逼迫他被动地学习。

事实上，每个青少年都有潜在的好奇心和求知欲，正是这种好奇心和求知欲，使得他们愿意去接受新的知识。需要激发青少年的求知欲，让他们乐于不断地接受新的知识。此外，青少年在学习过程中，一定程度的物质奖励可以令其获得一种心理满足，增强自信心。学习毕竟是一件艰巨而又枯燥的事情，一定的外力刺激是必要的。

另外，学校、家长布置的枯燥而繁杂的作业致使明明失去了学习的乐趣。作业量的繁多、作业形式的单一，是明明不愿意做作业的一个很重要的原因。"不能布置好玩一点儿的作业吗？"明明的责问不能不引起我们的反思。

话术建议

青少年不喜欢做作业，讨厌学习，最根本的原因是没有树立正确的学习动机。要改变这种情况，家长必须做到：

1. 帮助孩子确立明确的学习动机

有一个明确的学习目的，这对孩子的学习会起到指导作用。如果孩子知道自己是为什么而学，而不是被动的，被父母、老师逼着学，那么孩子自然会有学习劲头。

2. 采取多种手段调动学习兴趣

家长要学会使用方法来调动孩子的学习兴趣，比如使孩子尝到成功的滋味，适当地夸赞孩子，刺激孩子的好奇心和求知欲。此外，应避免不要让孩子养成依靠父母解决困难的习惯。

3. 创造良好的学习环境

良好的学习环境可以影响孩子对学习的热情和主动性。家长以身作则，在孩子面前起到表率作用，可以引导孩子主动去学习。

9. 快考试了，赶紧学吧
——改掉临时抱佛脚的坏毛病

情景再现

小伟很聪明，可就是喜欢在学习中偷懒。因为知道自己聪明，别人需要花很多时间才能学明白的问题，自己很快就能弄通，因此在平时的学习中并不是很用功，到考试临近的时候再进行强化突击。这种临时抱佛脚的做法一开始真能取得不错的效果，因此，小伟的考试成绩虽算不上是突出，但也还说得过去。

可时间一长，弊端就露出来了。由于小伟平时学习并不认真，考前突击学到的知识并没有扎实地掌握，考试一结束，基本上就全都忘记了。

学习是一个不断累积的过程，之前没有打下坚实的基础，掌握后面的知识就会很困难。到后来，小伟发现考前需要突击学习的知识越来越多，忙得焦头烂额，考试考得一塌糊涂。

心理解析

现在的青少年在学习过程中普遍存在这种"平时不烧香，临时抱佛脚"的错误心理。很多青少年在日常的学习过程中并不认真，投机取巧、得过且过。而到考试临近的时候才开始担心，为了能取得一个说得过去的成绩，通宵达旦，突击复习。这样的学习态度并不能真正地掌握知识。而且"临时抱佛脚"可能一时有效，但绝不是万试万灵的，随着知识的累积，终有佛脚抱不动的时候。

青少年出现这种"临时抱佛脚"的现象，主要是由于没有端正学习态度，对待学习缺少责任心。在这些青少年的眼里，学习并不是在给自己学，而只是在例行公事。在他们心里，学习就是为了给父母、老师一个交代，而这种交代最终只体现在期末考试的那一张卷子上面。因此，他们认为只要把期末考试考好了就可以了。至于平时的学习，只要能在家长、老师面前糊弄过去就可以了。由于抱着这样的学习态度，学生在平时的学习过程中知识积累不够，只能在考试前手忙脚乱，这样就出现了"临时抱佛脚"的现象。

此外，这种现象的出现还与一些青少年养成的散漫习惯有关。一些青少年在学习过程中遇到了障碍，但是由于习惯懒散或是害怕面对困难，就不去理会。这样一来，明日复明日，知识上的缺漏就会越积攒越多。当时间在蹉跎中一天天过去，到考试临近，才发现自己不会的太多，开始着急，大搞突击，出现"临时抱佛脚"的现象。

话术建议

学习是一个长期积累的过程，而不是靠考前突击一下子就可以的。所以家长应该帮助孩子改掉考试"临时抱佛脚"的不良习惯。

1. 帮助孩子树立正确的学习观

家长要让孩子在日常的学习中明白，学习不是只求一个考试的结果，重要的是日常积累的过程。学习只有平时打好扎实的基础，才能有令人满意的结果。只有让孩子明白了这个道理，孩子才能意识到学习过程的重要性，从而树立起正确的学习观。

2. 家长要让孩子对自己负责

家长要培养孩子对学习的责任感，这对改变孩子"临时抱佛脚"的坏习惯有很重要的作用。家长要教会孩子对自己负责，就是让孩子明白自己对待学习的态度不仅仅关系到考试成绩，还关系到同学、家长、老师对他的看法。同时，还要注意让孩子承担一些任务，让他守时守信、不折不扣地完成，训练他的责任感。

3. 让孩子做到当日事当日毕

家长要让孩子明白"当日事当日毕"的道理，并有计划、持之以恒地监督，与孩子订立协议：要求孩子必须完成当天的学习任务。家长在最初的阶段要时刻关注孩子有哪些问题不懂，哪些作业没有及时完成并督促改进，只有这样才能让孩子逐步养成良好的学习习惯。在孩子违反规定时，要有相应的惩罚措施。

10. 我真的学不好
——摆脱失败综合征

情景再现

小明的小学阶段由于成绩好一直是在父母及周围人的称赞中度过的。可是在上初中后，课程的知识结构和对于学习方法的要求与小学阶段是截然不同的，尽管小明在小学的时候成绩突出，但是对中学课程的适应能力似乎较差，开学不久后的小测验就考砸了。这种挫败感是他以前从未体验过的，从此他开始怀疑自己的能力，产生了很大的心理压力。随后在学习中他也曾积极努力过，可是收效甚微。

自此以后，小明每次考完试都会担心自己的成绩不理想，偏偏自己越是这么想，事情越是往坏的方向发展。小明感到自己处处不如人，也从父母和老师的眼神中看到了失望。他在挫败中丢掉了自信，对自己的能力产生了怀疑，学习热情也因此提不起来了。

心理解析

对于小明的这种由于连续的失败导致对自身失去信心的现象，一般被称为"失败综合征"。所谓失败综合征，即失败并不是由于自己缺乏能力，而是方法不当，或者根本没有努力而遭受失败。通常来说，青少年出现这种失败综合征的原因大致有以下几点：

1. 青少年在学习过程中反复失败。大多数青少年在进入新的学习阶段的时候，都会对自身的能力充满信心，定下很高的目标。但是，一次又一次没有达到目标，就会使他们受到挫折，感到对生活环境和学业的无能为力，无论他们如何努力，也无法改变现状。久而久之，就会体验到无助感，并放弃努力。

2. 青少年对成功和失败的原因得出了错误结论，形成了认识上的偏差。有失败综合征的孩子与其他孩子有一个明显的差别，那就是他们对自己的成功有一种宿命的观点，感到成功与失败不是自己能够决定和改变的，而是由外部的、自己无法控制的因素决定的。

3. 家长、老师对青少年的不良评价也会导致他们的失败综合征。诸如以下情况，家长这样的语言都会对孩子的内心产生极大的影响："连这个都不会，你真笨！""我看你是无可救药了！""你这种成绩，真把我们的脸都丢尽了！""你看隔壁家的XX，你为什么就不能像他一样？"毫无疑问，这些令人泄气的话对孩子的自信心会产生巨大的影响。如果父母说他笨，孩子可能会信以为真，认为自己不聪明。

总之，父母、老师的消极评价会大大打击孩子的自尊心，使孩子对自己丧失信心，使他们怀疑自己的价值。

话术建议

面对有失败综合征的孩子，父母应努力让孩子体会到成功的感觉，走出失败的阴影：

1. 对孩子采取小步子前进的策略

俗话说："一口吃不成个胖子。"家长将孩子提高成绩的目标分解成一个个较容易达到的小目标，这样，每达到一个小目标就是一次胜利，从而让孩子一直带着喜悦去攻克最终的目标。

2. 帮孩子有效利用其最擅长的科目

家长可以帮助孩子找到一门他比较擅长的科目，以此为突破口，将这门课的学习心得应用到其他科目中，让孩子感受到成功的乐趣且相信自身的能力。

3. 让孩子感觉到自己的价值

很多青少年认为价值完全取决于行为表现，他们会认为只有成功的人、学习成绩好的人才是有价值的。而一旦自己的成绩不佳，就是一个没有价值的人。对此，家长要让孩子意识到自己的价值，这对孩子的成长至关重要。

4. 保持对孩子的高期望

事实上，这种做法会直接影响孩子的自信和其对成功的期望。父母的低要求和低期望是不相信孩子能力的表现，相反，父母的高期望只要不是不切实际的，就能使孩子感受到信任，增强他们的信心，从而使他们今后更加努力。

11. 每次提问都捏把汗
——摆脱对回答问题的畏惧

情景再现

萧寒是一名初中生，性格比较内向，不太爱说话。平时，萧寒学习很努力，成绩也不错。可是最近萧寒遇到了些麻烦。

有一次在语文课上，老师提问萧寒，由于萧寒当时没有思想准备，所以站起来一紧张，便答非所问了，惹得全班同学哄堂大笑。这使萧寒感到很丢人，恨不得找个地缝钻进去。

自从那件事以后，萧寒变得非常抵触老师的提问。每当老师提出问题，萧寒总是把头压得很低，而且心里会默默地念叨着："可千万别问到我，我再回答错，全班都会笑话我，那还不丢死人了。"

但是萧寒的老师又偏偏喜欢提问，所以萧寒就经常处于一种惶恐不安中，上课没有办法集中注意力听讲，成绩也开始下滑了。

心理解析

学生害怕老师提问，这种现象比较普遍。产生这种现象的原因有很多，最主要的是学生的心理作用，是他们对自己缺乏信心的表现。

上课时，学生对老师的提问内容一般事先并不知情，一旦认为自己的知识结构存在漏洞，就会对能否回答问题失去自信。所以，一遇到老师提问，他们就会情不自禁地想道："这个问题我能回答上来吗？真怕人，要是回答不上来又怎么办啊？这个问题我没准备啊！我可能答不出来，如果说错了的话，老师和同学又要笑我了"。

一旦这种畏惧心理出现，伴随而来的就是紧张情绪。虽然学生对此会做出自我调整，比如说深吸气，或者进行自我暗示——"不要害怕，不要紧张"，但紧张和害怕的情绪并不会一下子就消失。而且，你越告诫自己不要紧张、害怕，紧张、害怕的情绪反而会越强烈。

在这种情绪下，很多学生会感到发懵，很多本来会的问题也答不上来。这样一两次的失败，或许并不可怕，但随着次数的增多，有些自尊心强的学生就会得出这样的结论："不行，我肯定答不上来，我没出息，老师一问我就不会了，千万别叫我回答，肯定出丑的。"

这种心理一旦形成，学生就会陷入恶性循环，难以自拔，进而自我怀疑，最终形成自卑心理。

话术建议

面对孩子害怕老师提问这一问题，家长应该做到：

1. 帮助孩子正确对待老师的提问

老师的课堂提问，旨在调动学生的学习积极性，活跃课堂的气氛，老师不会因为学生回答错误就去批评和嘲笑学生。因此，家长要告诉学生不要去畏惧老师的提问，不要害怕出错，更不能由于一两次回答错误就否定自己，给自己戴上精神枷锁，应该以一颗平常心对待老师的提问，并且以一颗宽容的心对待自己的失败。

2. 帮助孩子和老师沟通

如果自己的孩子出现害怕老师提问的现象，家长最好和老师沟通一下：老师在提问之前，最好能够先给学生留出适当的思考问题和调整心理的时间，让他有所准备，树立起"这个问题我会答"的信心，形成一种"这个问题我来答"的心理需求，从而最大限度地避免紧张情绪产生。让学生认识到回答老师的提问，是一次展示自我的机会，而不是一次磨难。

3. 帮助孩子打下坚实的知识基础

孩子害怕回答不出老师的提问，关键是对自己的知识掌握情况不自信。如果家长能够帮助孩子打下坚实的知识基础，那么在面对老师的提问时，就不会害怕自己答不上来。所以家长要帮助孩子在平时的学习过程中，多注重积累，加强训练。

Part 9
关于人际交往的话术

1. 不知道和陌生人说什么
——勇于张口，摆脱胆怯

情景再现

冰冰很小的时候，由于父母两地分居，一直和姥姥一起生活，直到上中学时才回到父母身边。

也许因为冰冰从小在农村长大，接触的人有限，她在与人交往上非常胆小，说话时经常脸红，前言不搭后语，手不知该往哪儿放。

上学时，不敢回答问题，不和陌生人一起玩，为此她总是受到父母的责怪，致使她很自卑，怕见人，不知如何与陌生人打交道。当家里来客人时，母亲常以"她不会说话"为由让她躲开。

看着她的同龄人都能说会道，朋友成群，父母很是着急。

心理解析

提到青少年，一般人会用活泼好动，生龙活虎，敢说敢做评价他们。但也有为数不少的青少年胆小怕事，平时沉默寡言，害怕与同学交往。说话声音细微，脸红、腼腆，而且主动要求少，不敢一个人外出等。这就是我们通常所说的"孩子胆小"，即胆怯。

胆怯，是许多青少年在交往过程中产生的情绪状态，只是程度不同而已。造成青少年胆小怯懦的原因是多方面的，主要是家庭环境与教育的影响。有些家长对孩子的保护过多过细，怕磕着、怕摔着，总把孩子带在身边，使孩子形成一种强烈的依赖心理。当孩子逐渐长大时，保护的惯性持续，往往使孩子离开大人就害怕，整日战战兢兢。

如果青少年不能正确地认识胆怯并加以改正，这种心理就会发展成社交恐惧症。社交恐惧症患者总是处于焦虑状态，他们害怕自己在别人面前出洋相，害怕被别人观察。与人交往，甚至在公共场所出现对他们来说都是一件极其恐怖的事情。

患了一般社交恐惧症，任何情境中，都会害怕自己成为别人注意的中心。会认为周围每个人都在关注自己。害怕被介绍给陌生人，甚至害怕在公共场所进餐，会尽可能回避去商场和饭馆。不敢和同学、老师或任何人进行争论，捍卫自己的权利。而患上了特殊社交恐惧症，会对某些特殊的情境或场合恐惧，害怕当众发言、当众表演。

话术建议

父母对胆怯的青少年应该如何帮助教育呢？

1. 正确认识胆怯，并帮助孩子树立自信心

胆怯是可以改变的。在各种社交场合中，家长应让孩子顺其自然地表现自己，不要担忧人家是否注意。当他与对方交谈时，眼睛要看着对方，并将注意力集中在对方的眼睛上，让他学会用心灵去沟通。在此过程中，家长要认识到自己的责任，从转变自己的教育行为开始，日常学习和生活中，应让孩子多考虑"我要怎么办"。

2. 培养孩子的独立性

平时生活中，要处处注意培养孩子的独立性和良好的生活习惯，鼓励孩子去做力所能及的事情。当孩子遇到困难时，不要一味包办，而要让他自己想办法解决。当然，开始时父母要予以必要的指导，使

孩子慢慢学会自己处理各种事情，而不能一味地不问不管，使孩子手足无措，更加胆小。

3. 让孩子不要敏感

凡事尽可能往好的方面想，要看积极的一面。平时注意培养孩子的良好情绪和情感，让孩子相信多数人是以信任和诚恳的态度来对待自己的。不要把自己置于不信任和不真诚的假定环境中。那样，对别人总是怀有某种戒备心理，自己偶有闪失，或者并无闪失，也生怕别人看破似的。这样自己就会惶惶然，加重羞怯心理。

4. 鼓励孩子与人接触交往

可以多带孩子到各种集体场合，别人对孩子的友好尊重，能使他感到快乐，孩子也会愿意与人交往。最主要的是要孩子和同龄伙伴多接触，有意识地邀请一些同学到家中来做客，让他做小主人，帮助孩子结交新朋友。

胆怯有碍于青少年以后更好地适应社会，不利于身心健康、人际交往、职业选择等，所以要及时及早去克服。当然，战胜胆怯，要循序渐进，从最容易的做起，坚持不懈，让孩子相信自己不比别人差，就一定能战胜它。

2. 我的世界只有我
——别让孩子自我封闭

情景再现

陈阳，集全家宠爱于一身的初二女孩，从小全家就对她倍加宠爱，上中学后，父母看着孩子一天天长大感觉很欣慰，可是渐渐地发现，她越来越不开心了，似乎变成了一只孤单的小鸟。

下课了，同学有的做游戏，有的拍球，有的跳皮筋，校园里充满了欢声笑语，教室里只有陈阳一个人。在语文课上，同学们自由分组学习时，她走来走去，没有学习伙伴。放学了，同学三五成群结伴而行，她却背着书包形影孤单。

前几天，老师留的数学作业有点儿难，一个同学来问她，她忙闭上眼睛，不说话。同学又问了一声，她眯着眼，不耐烦地说："走走走，我还不会呢！"

妈妈为此很着急，耐心地教导她，要与同学好好相处，陈阳却说："我不想被别人打扰，我感觉这样生活挺好的。"

心理解析

自我封闭，指将自己与外界隔绝开来，很少或根本没有社交活动，除了必要的工作、学习，大部分时间将自己关在家里，不与他人来往。自我封闭者都很孤独，没有朋友，害怕社交活动，因而是一种环境适应不良的病态心理现象。

自我封闭心理实质上是一种心理防御机制。由于个人在生活及成长过程中常常遇到一些挫折引起个人的焦虑。有些青少年抗挫折的能力较差，使得焦虑越积越多，他们只能以自我封闭的方式来回避环境以降低挫折感。

父母是孩子的第一任老师，而老师又是学生的领路人和心目中的权威。因此，父母与教师对孩子的评价都会对孩子产生巨大的影响，特别是贬抑性的评价使他们产生自卑感。自卑感是产生自我封闭心理的根源，而且很容易在青少年时代埋藏下祸根。一旦这种自卑感蔓延、扩散，就会引发人际关系障碍和许多行为上的困扰，妨碍学习、生活和人际交往的正常进行。这种病态心理如果不能及时而正确地矫正，可能会危害终身。

话术建议

积极的交往体验，会使青少年对他人更加友好。这使他能更好地适应社会，更好地去面对以后的问题。因此，我们要注重在实践中发展青少年的交往能力。那么，应该如何培养呢？

1. 构筑和谐的家庭环境

良好的家庭氛围是孩子健康成长的重要条件。如果父母感情不和，经常在孩子面前争吵，在这样的家庭氛围中，孩子自然就得不到应有的关怀，孩子的心灵还会受到巨大的创伤，因此变得沉默寡言、闷闷不乐，从而养成孤僻的性格。因此，家长应给孩子创造出一个和睦、祥和、宽容的家庭，让孩子真正感到自己是家庭中的重要一员，让孩子感到家庭的温暖，体验到家庭的欢乐。

2. 注意评价与态度

在教育孩子的过程中，要时刻注意自己的语言和态度。家长经常随意批评、否定孩子，甚至指责训斥孩子，会使孩子丧失自尊心和自信心，变得不愿意说话或做事，因为他们害怕再得到这种评价和态度，这种自我体验几经反复固定下来，就会使孩子形成自卑孤僻的性格，从而造成他们缩在一旁不敢出声、心情压抑。家长不妨采用一些肯定的评价，多肯定和鼓励孩子，使孩子自信、开朗起来。

3. 为孩子树立榜样

父母富于同情心，善于尊重、关心、体贴他人，孩子与他人相处易表现出慷慨大方。所以，父母应当给孩子树立良好的道德榜样，为孩子提供良好的行为规范。

4. 鼓励孩子参加群体活动

家长可以充当孩子同龄人的角色与孩子交往，在教授技巧之后，要鼓励孩子大胆地实践，并且帮助孩子总结经验，指出他的不足，提出改善的建议。生活中，多带孩子参加一些文化娱乐活动或者家庭聚会等也有很大帮助。

家长要从思想上认识到他人、集体对孩子成长的作用。从小事上帮助孩子改变生活习惯，多鼓励孩子主动跟他人聊天，主动和他人玩游戏。接触得多了，孩子从他人那里学到了知识，得到了快乐，这样孩子就会逐步乐于与人交往。

3. 我不想和老师说话
——师生之间关系要融洽

情景再现

一位老师在日记里写道：

刚接初三时，我欣喜地发现一位学习成绩很好、组织能力也很强的学生李某，理所当然，我想让李某成为我的左膀右臂。

可我屡次找他谈话，却始终无法进入其内心世界，无论我是情真意切还是推心置腹，他总是沉默不语或者闪烁其词，通过了解才知道，他有个不好的习惯——不愿意和老师沟通，上课也从来不愿站起来发言。来到这个班已经有几个月了，他从来没主动和我打过招呼。

面对这种情况，我也一度失去信心，但对学生的爱和对家长的责任让我再一次鼓起勇气，寻找新的途径，于是我开始广泛接触他周围的同学，并多次与其家长联系，交流李某的情况，终于了解到造成李某不能和老师很好沟通的原因。

原来在一次体育课外活动中，体育教师没有认真听取他的合理化建议，武断地对他进行了批评，挫伤了他的积极性，使他对老师产生了对抗心理。

心理解析

随着年龄的增长和独立性的增强，青春期的少年不像儿童时期那样对教师唯命是从，开始反抗教师的管教。师生之间的摩擦增多，关系紧张，有些学生对教师产生失望情绪，甚至厌烦心理，看不到老师身上的优点，使师生关系出现不和谐。

师生交往是教师与学生之间进行信息交流、情感交流的过程。师生关系是现代教育中不可忽视的一个问题。

但是现在越来越多的青少年不能很好地和老师相处，到底是为什么呢？大致有以下几方面原因：

1. 得不到老师的重视

有些青少年自认为能力很强，可是却没有得到老师相应的重视。这样无形中心理就会有很大的落差。

2. 受到老师的批评过多

受到太多、太严厉批评的学生，在老师面前缺少愉快的心理体验，造成感情上的隔阂。

3. 偏科

很多学生都有偏科现象，他们对某科的学习缺乏兴趣，成绩不好，即使老师没有对他批评、责备，他们也会认为老师不会喜欢自己，于是对老师缺乏感情。

4. 被老师冤枉过

老师教育、批评学生时，难免出现错误。有的孩子被冤枉了，自己又没有及时地向老师解释清楚，老师因为一时疏忽，造成学生耿耿于怀，产生委屈甚至怨恨情绪，与老师感情疏远。

一般来说，学生惧怕老师是因为不能忍受老师对自己冷淡的态度，或不能接受老师对自己的批评而对老师产生的一种抵触情绪。这种负面的情绪直接影响孩子的学习兴趣和学习效率，应该引起老师和家长的高度重视。

话术建议

师生之间应建立起相互理解、信任、友好的关系，以提高教育教学效果。那么应该怎样做呢？

1. 创造良好的心理氛围

要给孩子创造一种宽松的、自由发表意见的心理氛围，使孩子毫不隐瞒地讲清楚老师批评自己的原因，以及对自己的态度和自己接受批评时的心情。家长一方面要认真听取孩子对事情的全部经过的陈述，以及孩子对老师批评和处理意见的看法。另一方面要冷静分析孩子产生抵触心理的原因，并采取适宜的方法予以解决。

2. 积极配合老师教育好自己的孩子

家长要了解孩子在学校的表现，老师也要了解孩子在家中的行为，这对家长和老师共同教育孩子、避免孩子对老师产生抵触情绪是极其重要的。只有家长与老师经常保持密切的联系，才能有的放矢地对待孩子成长过程中各种合理的需要，并施以有效的教育，使孩子在老师的教育中体会受教育的愉快。

3. 培养孩子的同理心

让孩子学会站在他人的角度考虑问题和处理问题，创造情景让孩子亲身体会老师的难处，并在这个过程中改善师生间的关系。应教导孩子：一方面要尊敬老师，尊重老师的劳动。另一方面，要正确对待老师的过失，委婉地向老师提意见。心理学研究发现，人们会对没有缺点的人敬而远之。其实，根本不可能存在没有缺点的人。

4. 培养孩子养成勤学好问、虚心求教的好习惯老师的学问、阅历、专业水平都是高于学生的，所以要向教师虚心求教，勤学好问不仅直接使学生受益，还会加深和老师的交流，无形中缩短了与老师的距离，每个教师都喜欢肯动脑筋的学生。其实，向老师请教问题往往是师生间交往的第一步。

师生交往是一门艺术。要想把握好师生交往的艺术，就必须审时度势，见微知著，这样才能促使师生关系不断得到改善和加强，促进学生心理健康和全面发展。

4. 我为什么没有朋友
——让孩子做一个受欢迎的人

情景再现

融融是个文静、内向的小女孩，从小不爱说话，自从上学以来就没什么朋友。

前两天，班主任老师打电话到家里，说融融在学校里跟同学相处得不是很融洽，经常独来独往，尤其是最近一段时间，老师发现融融心情好像很不好，下课后，同学三五成群，可是融融却总是望着其他同学玩耍。

妈妈接到老师的电话后，感觉到了事情的严重。

星期六的晚上，吃完饭，妈妈就来到融融的房间，拉着融融的手问她最近是不是有什么心事？

融融告诉妈妈："我很苦恼，大家都不喜欢我，我没有朋友，难道我真的那么令人讨厌吗？"

心理解析

很多粗心的家长不能及早发现孩子的交往问题，孩子没有朋友，容易使他们变得忧郁、封闭、自卑。孩子交不到朋友有多方面的原因，有的孩子性格内向，不善于主动结识别人，因此朋友很少。有的孩子总以自我为中心，喜欢自我表现，爱捣乱，总想指挥别人，这样就会引起别的孩子对他产生厌恶，不爱跟他交朋友。有的孩子攻击性太强，老是欺侮别的孩子，这样孩子也不会交到朋友。有的孩子独立意识过强，认为靠自己的个人力量足以处理好一切事务，不需要他人的友谊和帮助，这类孩子也不容易交到朋友。还有少数孩子对友谊持怀疑态度，怀疑朋友之间不会有真正的友情，不信任朋友，因此，他们自己也没朋友。

话术建议

朋友是心灵相通的伙伴，是每个人心里最温暖的收藏，是一份最平凡真挚的感情。面对孩子没有朋友的烦恼，父母可以从以下几方面进行引导：

1. 查明原因

孩子交不到朋友并不仅仅关系到孩子的心理健康问题，学生时代的好友是一个人一生中极其重要的社会资源。家长想要解决这一问题首先应该找出孩子交不到朋友的原因，只有了解了孩子交不到朋友的原因，才能对症下药，帮助孩子交到朋友。

2. 培养孩子的爱心

每个人都渴望得到爱，爱是一种高尚的道德情操。在社会生活中，有爱心的人才能获得良好的人际关系，因此我们要从小就培养孩子的高尚情操，学会如何去爱。从爱自己、爱家庭、爱别人开始，通过具体的行动，使孩子逐步体验到如何去爱。

3. 鼓励孩子学习他人长处

这对于那些因太过于挑剔而交不到朋友的孩子来说很重要，要让孩子看到别人的优点。与此同时，还要引导孩子多站在别人的角度设身处地为对方着想，理解身边的人，避免用过于挑剔的眼光评价朋友。这样，孩子就会成为一个善解人意的人，同时他也能获得友情。

5. 我不敢看别人的眼睛
——摆脱对视恐惧症

情景再现

小张是一个性格内向的男孩，心里有什么话从不愿意对别人说，只会把自己的心事全写在日记里。

一天，他在日记里写道：

真不知道是为什么，每当我遇见陌生人时，总是不敢直视对方的眼睛，这个问题困扰了我很久，以前还没感觉它影响我的生活和学习，可是现在升入高中了，课程负担加重了，竞争压力也加大了，这个问题好像越来越严重了。我发觉自己从来不敢与老师对视，这成了我学习上的最大障碍。

我不止一次地对自己说："看一眼老师的目光，就一眼，但是不行，每次都怕得要死。高中课程可不那么简单，弄不懂的问题要请教老师，不敢与老师对视怎么交流啊！我在自卑、自责当中无数次尝试自我克服，却总以失败告终。渐渐地，我的学习成绩下降了，仅仅维持在中等。我很着急，请老师帮帮我，我不想因为这个影响学习，耽误了前途啊！"

心理解析

目光交流是极为常见的一种非语言沟通方式，柔和、热诚的眼神能增添语言魅力，在说话时，眼睛直视对方，也是对对方的一种尊重。

上述例子中的小张患的是一种对视恐惧症，对视恐惧症是社交恐惧的一种，表现为在人际交往中不敢与对方目光接触，并伴有惊恐、羞愧、心跳加速、出汗、口吃等生理反应。

青少年就像早上七八点钟的太阳，应该生机勃勃，具有一种初生牛犊不怕虎的精神。但一部分青少年总生活在一种恐惧中，甚至害怕面对别人的眼神。他们觉得别人的眼神像一把利剑，能把人一下看穿，害怕别人的眼神中有一些自己不想看到的东西，出于自我保护，不敢与人对视。

话术建议

可以说，人最大的敌人不是别人，正是我们自己。只有勇于面对自己心中黑暗的人，才是最坚强的人。人生中真正的险境，存在于我们的心里。对危险的恐惧，会让我们看不清人生的真相，只有打破自己心中的魔障，我们才能真正把握人生。作为家长，一定要让孩子认识到这一点，一步步引导孩子。

1. 让孩子学会勇敢

对于青少年来说，学会面对别人的眼神，学会勇敢很重要。勇敢可以让你尝试别人不敢做甚至不敢想的事情。家长应引导孩子从现在做起，从我做起，从一个眼神开始，时时刻刻提醒自己，勇敢地面对一切。

2. 告诉孩子要努力尝试

可以对孩子说，在与别人交谈时，要尽量尝试着去看对方的眼睛，然后每次给自己一个目标，比如这次是两秒，下次是三秒……这样坚持一段时间，相信一定能够摆脱掉不敢对视的心理压力。

6. 她那么笨，什么也不会
——别人的长处你可能比不上

情景再现

妈妈
> "你怎么最近老去姥姥家呀？"

妈妈好奇地问正在梳头发的小静。

小静
> "当然爱去了，我得给姥姥跳舞去，姥姥可爱看我跳舞了。"

妈妈高兴地说：

妈妈
> "我的闺女变得这么孝顺啦。"

看着女儿高兴地出门了，妈妈也上班去了。晚上下班回到家，看见女儿一脸委屈地坐在沙发上，妈妈急忙问：

妈妈
> "怎么了？"

小静
> "都怪小蕾，她什么舞蹈也不会，学习还那么笨，姥姥怎么会喜欢她呢？"

妈妈

> "人家小蕾画画在市里可是拿过奖的。"

小静

> "那算什么，我舞蹈还拿过奖呢，这次期末考试我还考了前十名呢。还有，她有我长得好看吗？"

妈妈刚想说点儿什么，只见小静生气地说：

小静

> "反正我就是比她强。"

便甩手而去。

心理解析

上述事例中的小静是一个只看见自己优点，却看不到别人优点的孩子。现在很多孩子是独生子女，由于家长的过分宠爱，大多会形成一种唯我独尊的心理，以至于在学校和生活中不能很好地发现别人的优点。若在与同学交往的过程中以这种心态对待别人，就会导致青少年人际交往的不畅，甚至造成同学之间的矛盾。

金无足赤，人无完人，谁都会有自己的缺点。"尺有所短，寸有所长"，每个人也有自己的优点。我们只有让孩子善于发现别人的优点，才能更好地利用这些优点来让自己变得更好。

话术建议

看人要看对方的长处，只有认识到自己尚有不足之处，才能虚心向他人学习，从而不断取得进步。但怎样做才能让自己的孩子学会发现别人的优点呢？

1. 培养孩子的真诚和耐心

教会孩子用真心发现别人的美丽，用耐心发现别人的长处，唯有真心付出，才会领悟别人回馈给你的一定比你付出的要多得多这个道理。再差劲的人也有优点，无论是谁，都有值得我们敬重之处，不管一个人曾经做过什么，总有令我们望尘莫及的地方。

2. 让孩子努力发现他人的可爱之处

学校里，大多数孩子都认为自己很出色，看到别人超过自己就很不服气，这种不服输的劲头是值得肯定的，但是，如果把精力全都放在如何寻找别人的错误，然后用别人的错误来愉悦自己上，那就大错特错了，只能说明一种强烈的嫉妒心已经开始慢慢滋生。作为家长，一定要让自己的孩子知道每个处于青春期的孩子都是一个可爱的天使，用发现美的眼睛去寻找每个同学的可爱之处，在寻找的过程中你会发现自己也有如此多的优点。

7. 不信谣，不传谣
——理性地对待谣言

情景再现

晓蕾是初中二年级的学生，性格有些内向，是一个敏感细腻的女孩。

她喜欢动漫，同桌刘鹏正好也非常喜欢看，而且家里的书特别多，每次都带来很多借给晓蕾看。本来这是很普通的事情，大家都是同学，请教问题和借书实在是很平常的。

可是有一天，晓蕾的几个同学在放学的路上拦住她，起哄说："晓蕾，你和刘鹏平日里怎么走得那么近乎？是不是有点……""你知道什么呀，肯定刘鹏喜欢晓蕾，没看到刘鹏总是借书给晓蕾吗？""那你怎么不说是晓蕾喜欢刘鹏呢，她老是主动接近刘鹏啊。""你们都知道什么啊，人家晓蕾和刘鹏早就是一对了，是不是，晓蕾。""对、对，肯定是……"

从这以后，晓蕾只要在校园里和刘鹏相遇，班里的男同学总要起哄。

同学们的谣言弄得晓蕾心乱如麻，再也不好意思向刘鹏问问题，也不向他借书，连课间也只趴在桌子上发呆，不敢出去怕让别人笑话。最后发展到都不愿意去学校，害怕听见同学在她面前叫刘鹏的名字，害怕同学拿自己和刘鹏开玩笑。

心理解析

青少年正处在青春期阶段。青春期开始的一两年，随着性生理发育的逐渐成熟，两性差异日益明显。同学们开始注意男女之间的特殊关系，如男女的亲近、相爱、拥抱等，并开始关心恋爱的事情，这代表着性意识的萌发。但是，对于这种萌发的性意识，他们感到不能理解，从而感到不安，惊慌失措。在与异性接触时会感到腼腆、羞涩、难为情，会出现男女互相排斥、各自独立的现象。但是，表面上的疏远其实掩盖不了少男少女对异性的好奇。比如，在体育比赛时，女生往往乐于围观男生的活动，充当热心的观众，男生也希望有女生关注自己，为自己助威呐喊。这种心理往往使他们乐于表现自己。这一时期的青少年是处在一种矛盾的状态中：一方面对异性不屑一顾，另一方面又费尽心思地表现自己，以赢得他（她）们的注意，而恰恰是这种矛盾的心理状态造成了晓蕾的困扰。

在这一时期，有同学认为，某些男生和女生的关系都非常不正常，男生和女生递纸条、轧马路等。其实，这些都是男女生之间的正常交往。出现这些谣言和想法，一是因为青少年对异性交往太过关注和好奇，二是因为青少年对自己的心理特点不够了解。这是青少年这一时期的心理特点所致。

面对这种谣言，很多青少年都会像晓蕾这样陷入困扰。这也是因为青春期是人的情感最强烈，也是最敏感的时期。这个时候的孩子，虽然在智力、思维上得到较大的发展，也具有一定的独立意识和自尊要求，但是他们毕竟还未成年，在思想上存在诸多幼稚之处。最主要的是，他们缺少社会经验，对别人的议论和评价的承受能力非常低，有时候对成人看来微不足道的议论、评价对他们来说却会造成强烈的情绪波动。这也是青少年情绪不平衡性的一个重要表现，这一点在内向的孩子身上体现得尤为明显。这也就解释了为什么性格内向的晓蕾对这些谣言的反应如此强烈，甚至到了影响生活、学习的地步。

话术建议

对于青少年而言，随着身心的成长与发育，男女之间开始有了初步的好感，会经常出现谁喜欢谁的谣言。青少年如果不能以平常心来对待，对于同学交往、学习都会造成不良的影响。因此对于这种情况，家长要从中起到引导作用：

1. 家长应该帮助孩子端正态度

如果自己的孩子处在同学所编造的绯闻中，作为家长，首先要帮助自己的孩子正确对待造谣的同学。家长要告诉孩子，同学之所以要造谣，是因为这个时期的学生都开始关注异性，但是大家都非常羞涩，不敢公开地表达自己对异性的关注，于是将这种关注投射到别的相处融洽的男女同学身上。同学谣言的本身并没有什么恶意，只不过是这个时期青少年的一些不太正常的心理表现。因此，家长要避免孩子产生对造谣同学的敌视情绪。

2. 家长要帮助孩子坦然地面对绯闻对象

家长应该告诫孩子坦然面对，不管别人说什么，就当没有听见，自己该做什么就做什么，对于绯闻中的对象，保持和以往一致的态度。当谣言达不到预期的效果，也就会自然而然地平息下去。